BÄRBEL WARDETZKI

Erste Hilfe für die Seele

So schützen Sie sich gegen Kränkungen

Powerpack:
BUCH und CD

KÖSEL

ISBN 3-466-30640-X
© 2003 by Kösel-Verlag GmbH & Co., München
Printed in Germany. Alle Rechte vorbehalten
Druck und Bindung: Kösel, Kempten
Umschlag: Kaselow Design, München
Foto der Autorin (Umschlag und CD):
Michael von Block, München

Die beiliegende CD
»Kränkung – Ohrfeige für die Seele«
wurde von Dr. Franz Josef Köb für den ORF,
Radio Vorarlberg, produziert.

Inhalt

Einleitung 5

Was ist eine Kränkung? 7
Im Teufelskreis des Gekränktseins 7
Die Kränkung hat eine doppelte Bedeutung 11
Wir entscheiden, was uns kränkt 14
Das geschwächte Selbstwertgefühl 18
Wenn Anerkennung und Bedürfnisse zu kurz
   kommen 22
Lieber sind wir wütend, als zu spüren,
   wie weh es tut 25
Wie Kränkungen ablaufen 27
Schreck lass nach! 28

Wenn wir gekränkt sind 31
Die Kränkung trifft den wunden Punkt 31
Ich nehme alles persönlich 37
Wie es ist, ist es falsch 40
Ich bin gekränkt, weil du 45
Du kommst mir zu nahe 48
Die andere wird mit ihm glücklich 51
Süchte – Schutz vor neuen Kränkungen 54

Unsere Liebe wird zurückgewiesen 57
Vorurteile können kränken 63

Wenn wir andere kränken **67**
Die Erfahrung, jemanden gekränkt zu haben 67
Kränkungsfallen 74
Ich lege jedes Wort auf die Goldwaage 77
Die Macht der Gekränkten 80
Kränkende Menschen 83
Der »Täter« trifft auf sein »Opfer« 86
Rache als Ausgleich 90
Kränkung als Provokation 93

Erste Hilfe bei Kränkungen **96**

Informationen über die CD 100

Einleitung

»Erste Hilfe für die Seele« ist ein Buch, das uns für Kränkungssituationen eine schnelle Orientierung bietet. Anhand konkreter Beispiele, die sich in vielen Fällen speziell auf Paarkonflikte beziehen, werden eine Reihe wesentlicher Kränkungsthemen und -situationen aufgeführt, bei denen es im Alltag zu heftigen Verwicklungen bis hin zu handfesten oder sogar handgreiflichen Auseinandersetzungen kommen kann. Umso wichtiger ist es, diese Dynamik zu erkennen und zu verstehen, um konstruktive Lösungswege zu finden. Je mehr ich weiß, was mich kränkt, welche alten Wunden durch aktuelle Verletzungen aufgerissen werden und welche Möglichkeiten ich habe, sie zu schützen und zu heilen, umso weniger muss ich unter Kränkungsgefühlen leiden. Denn in der Regel führen Beleidigtsein, Trotz, Empörung, destruktive Wut und Verzweiflung nur zu einer Verschärfung des Konflikts, zu Beziehungsabbruch, Einsamkeit und Unfrieden, aber nicht zu einer Lösung.

Dieses Buch lehnt sich an die zwei vorherigen Bücher über Kränkung an: *Ohrfeige für die Seele. Wie wir mit Kränkungen und Zurückweisung besser umgehen können* und *Mich kränkt so schnell keiner! Wie wir lernen, nicht alles persönlich zu nehmen*. Es wird ergänzt um einige neue Gedanken und bereichert durch eine CD, die einen lebendigen akustischen Einstieg in das Thema bietet. Das Buch will ein Begleiter für die Leser sein und Fragen beantworten, die sich beim Hören möglicherweise stellen.

Eingeteilt ist es in vier Abschnitte: Der erste zeigt, was Kränkung eigentlich ist. Im zweiten geht es im Wesentlichen um die Situation des Gekränkten. Was fühlt er, wie reagiert er, was kann er in der aktuellen Situation tun? Im dritten Teil beschreibe ich das Kränkungsgeschehen aus der Sicht derer, die kränken. Was veranlasst uns, andere Menschen zu kränken, wie rutschen wir in Kränkungsfallen und wie kommen wir wieder raus? Der vierte Teil ist eine Art Erste Hilfe. Er fasst alle wichtigen Schritte zusammen, die nötig sind, um Kränkungskonflikte zu beenden oder gar nicht erst entstehen zu lassen.

Danken möchte ich an dieser Stelle meiner Lektorin, Dagmar Olzog, mit der die Zusammenarbeit so wunderbar leicht und konstruktiv verläuft. Sie ist getragen von gegenseitiger Verantwortung und daher im Wesentlichen kränkungsfrei.

Ich wünsche mir, dass viele Leser durch dieses Buch und die CD eine Hilfe für ihre konkreten Kränkungskonflikte bekommen und die Tipps und Vorschläge erfolgreich anwenden können.

Wir haben es in der Hand,
ob wir gekränkt reagieren oder
ein Problem konstruktiv und
ohne Beziehungsabbruch lösen.

Was ist eine Kränkung?

Im Teufelskreis des Gekränktseins

Je länger ich mich mit dem Thema Kränkungen beschäftige, umso deutlicher wird mir deren weitreichende und häufig auch schicksalhafte Bedeutung für unser Leben. Ob gewollt oder ungewollt, ob bewusst oder unbewusst, wir kränken andere Menschen und werden immer wieder gekränkt. Die Kränkungsdynamik durchzieht alle Lebensbereiche: unser individuelles Befinden, unsere Freundschafts- und Liebesbeziehungen, unsere Berufssituation, gesellschaftliche Strukturen und weltpolitische Auseinandersetzungen. Wo immer Missverständnisse, Konflikte, Leid, Hass, Gewalt und Zerstrittenheit auftreten, können wir damit rechnen, dass dahinter unaufgelöste Kränkungskonflikte stehen, die einer konstruktiven Auseinandersetzung im Wege stehen. Umso wichtiger ist es, die Kränkungsdynamik besser zu verstehen. Wenn wir erkennen, welche Prozesse in uns selbst ablaufen, wie sie sich in der aktuellen Beziehung niederschlagen und was unser Gegenüber bewegt, kränkend mit uns umzugehen, schaffen wir die Voraussetzung für die Lösung oder wenigstens eine Abschwächung des Kränkungskonflikts.

Gegenseitige Kränkungen und Gekränktheit können verheerende Folgen haben. Sie führen im schlimmsten Fall zu Kriegen und Mordtaten, häufig zum Abbruch einer Beziehung, gefolgt von Rache und Zerstörungsgedanken. Innerlich sind wir getrieben von Hass und Wut, die wir auf den Gegner richten, von Unversöhnlichkeit, Bitterkeit und Ablehnung. Wir sind empört, wie jemand es wagt, auf eine so verletzende Weise mit uns umzugehen. Weiß unser Gegenüber denn nicht, wen er vor sich hat?

Was bleibt uns zu tun? Eine Möglichkeit ist, wir schlagen zurück, verbal oder handgreiflich. Von unserer Ohnmacht und Hilflosigkeit können wir uns aber durch Gewalt nicht befreien, auch nicht von dem Schmerz der erlebten Verachtung, Demütigung und Entwertung. Im Gegenteil. Oft sind wir umso gewalttätiger, je machtloser wir uns fühlen. Die Befriedigung der Vernichtung des »Gegners«, ihn k.o. am Boden zu sehen oder wenigstens ebenso verletzt zu haben, wie wir es wurden, löst weder das zugrunde liegende Problem noch heilt sie unsere Wunden. Die heilen wir aber auch nicht dadurch, dass wir uns deprimiert zurückziehen, uns in unser Leid vergraben, uns für minderwertig, schlecht, ablehnungswürdig und verloren definieren.

Wenn wir nichts tun, außer unsere Wunden zu lecken und in Selbstmitleid zu zerfließen, ändern wir gar nichts. Im Gegenteil. Denn auch diese Haltung produziert am Ende wieder Hassgefühle und Rachegedanken auf die, die uns das angetan haben. Wir bleiben in Unfrieden mit den anderen und dadurch auch mit uns. Unfrieden führt jedoch automatisch wieder in den nächsten Konflikt und damit in die nächste Kränkungssituation. Denn wenn wir mit uns und den anderen nicht in Frieden sind, signalisieren wir Ablehnung und Aggression und ernten zwangsläufig dasselbe. Ein Teufelskreis, der in einer Spirale der Gewalt enden kann.

Ein aktueller Beziehungskonflikt ist oft das Ergebnis einer langen Kette gegenseitiger Kränkungen, die sich beispielsweise im Laufe einer Partnerschaft oder Ehe angesammelt haben und mit Trennung oder Scheidung enden. Oft liegt die zentrale Kränkung schon lange zurück: Er hat nie ausdrücklich um ihre Hand angehalten; sie wollte nie Kinder mit ihm; er ging fremd; sie fuhr allein in Urlaub, als er in einer beruflichen Krise war und vieles mehr. Werden diese Kränkungen nicht angesprochen und die emotionalen Folgen nicht mitgeteilt, hinterlassen sie einen Bruch, der durch jede weitere Kränkung verstärkt wird. Droht die Trennung, kann es geschehen, dass einer von beiden unter einen so großen Druck gerät, dass er den Partner/die Partnerin tätlich angreift oder sogar tötet. Nicht umsonst liegt die Tötungsrate von Ehepartnern, die sich trennen wollen, laut einer Statistik des Kriminologischen Forschungsinstituts von 1999 bei ca. 250 Fällen pro Jahr. Das sind vier bis fünf pro Woche, eine viel zu hohe Zahl, finde ich.

IM TEUFELSKREIS DER KRÄNKUNG

■ Die Kränkungsdynamik durchzieht alle Lebensbereiche: unser individuelles Befinden, unsere Freundschafts- und Liebesbeziehungen, unsere Berufssituation, gesellschaftliche Strukturen und weltpolitische Auseinandersetzungen.

■ Kränkungen besitzen eine weitreichende und häufig auch schicksalhafte Bedeutung für unser Leben, weil sie verheerende Folgen haben können. Sie führen im schlimmsten Fall zu Kriegen und Mordtaten, häufig zum Abbruch einer Beziehung, gefolgt von Rache und Zerstörungsgedanken.

■ Weder die zerstörerische Rache gegen unseren »Feind« noch der depressive Rückzug in Selbstmitleid lösen den Kränkungskonflikt, weil wir in beiden Fällen in Unfrieden mit uns und dem anderen sind. Unfrieden führt jedoch unweigerlich in den nächsten Konflikt und damit in die nächste Kränkungssituation.

■ Wird die erlittene Kränkung nicht aufgelöst, kann es zu einem Teufelskreis der Gewalt kommen.

Die Kränkung hat eine doppelte Bedeutung

Wenn wir von Kränkung sprechen, differenzieren wir nie zwischen der *erlittenen* Kränkung, die Menschen erleben, und der *erteilten* Kränkung, die anderen zugefügt wird. Es mag müßig sein, eine solche Unterscheidung zu treffen, aber im Laufe meiner Arbeit spüre ich immer mehr Unbehagen, wenn ein und derselbe Begriff für Unterschiedliches verwendet wird. Ich schlage daher vor, von *Kränkungsreaktion* und *Kränkungshandlung* bzw. von *erlittener* und *erteilter Kränkung* zu sprechen.

Die Kränkungsreaktion, also die erlittene Kränkung, ist das, was Menschen erleben, wenn sie sich zurückgewiesen, abgelehnt, ausgeschlossen oder verachtet fühlen. Sie umschreibt alle emotionalen, körperlichen und geistigen Prozesse, die als Reaktion auf das Kränkungsereignis in der Person stattfinden, eingeschlossen die aggressiven oder depressiven Verhaltensweisen als Antwort auf das Gegenüber.

Die Kränkungshandlung oder das Kränkungsereignis dagegen ist die erteilte Kränkung. Es ist das, was Menschen tun, wodurch sich andere verletzt fühlen. Das kann eine Kritik sein, ein falsches Wort zum falschen Zeitpunkt, eine ausgebliebene Einladung oder das Verlassen eines bisher geliebten Menschen. Aber auch Demütigung, Diskriminierung, gewollte Entwertung, Ablehnung, Zurückweisung oder Ausschluss sind Kränkungsereignisse. Die Liste der Beispiele könnte ich endlos erweitern, denn im Grunde kann fast alles kränkend erlebt werden, weil jeder durch andere Ereignisse gekränkt werden kann. Somit ist eine Kränkung im Sinne einer Kränkungshandlung nichts Objektives: Wir können nicht sagen, dass beispielsweise eine Ablehnung automatisch eine Kränkungsreaktion beim Gegenüber auslöst. Das tut sie nur dann, wenn der andere sich dadurch entwertet und in seinem Selbstwertgefühl gemindert fühlt.

Nehmen wir an, eine Kritik hat uns gekränkt. Die Arbeit, die wir mit großem Eifer und viel Mühe dem Chef vorlegen, wird auseinandergenommen und mit den Worten »Ist Ihnen nichts Besseres eingefallen?« kommentiert. Diese Bemerkung führt in dem Moment zu einer Kränkungsreaktion, wenn wir uns abgewertet fühlen und uns möglicherweise schämen, versagt zu haben. In diesem Fall lehnen wir unser Produkt selber ab, werfen uns mangelnde Kreativität vor und stellen uns möglicherweise völlig in Frage. Das kann darin gipfeln, dass wir meinen, für diesen Job nicht geeignet zu sein, unabhängig davon, ob wir schon Erfolge vorzuweisen hatten oder nicht.

Ob die Kritik für uns zur erlittenen Kränkung wird, hängt einerseits davon ab, wie wir sie verarbeiten, andererseits von ihrer Form. Wird unsere Arbeit beispielsweise sowohl auf ihre Stärken als auch ihre Schwächen hin beurteilt, sind wir weniger oder vielleicht gar nicht gekränkt, als wenn sie pauschal abgelehnt wird. Doch auch im letzteren Fall sind wir nicht gefährdet, gekränkt zu reagieren, wenn wir voll und ganz hinter uns und unserer Arbeit stehen. Wir müssen die Entwertung nicht annehmen, wenn wir von der guten Qualität unserer Arbeit überzeugt sind. Die Ablehnung des Chefs können wir dann bei ihm lassen.

KRÄNKUNG HAT EINE DOPPELTE BEDEUTUNG

- Die *erlittene Kränkung* oder *Kränkungsreaktion* ist das, was Menschen erleben, wenn sie sich gekränkt fühlen.

- Die *erteilte Kränkung* oder *Kränkungshandlung* ist das, was Menschen tun, wodurch sie andere kränken.

- Die Kränkungshandlung ist nichts Objektives: Ob eine Kränkungshandlung als Kränkung erlebt wird, hängt u.a. davon ab, ob sich das Gegenüber verletzt oder entwertet fühlt.

- Im Grunde kann fast alles kränkend erlebt werden und jeder ist durch andere Ereignisse kränkbar.

Wir entscheiden, was uns kränkt

Die Tatsache, dass wir durch fast alles gekränkt werden können, führt automatisch zur Frage unserer persönlichen Verantwortung. Denn ob wir uns gekränkt fühlen oder nicht, hat mehr mit uns zu tun als mit der Kränkungstat an sich. Was heißt das?

Wir sind Kränkungen nicht hilflos ausgeliefert, sondern wir gestalten sie aktiv mit, indem wir Ereignisse oder Reaktionen von anderen als persönliche Entwertung interpretieren. Ereignisse werden zur Zurückweisung, wenn der Gekränkte sie als solche interpretiert und als Minderung des eigenen persönlichen Wertes erlebt, wie ich es oben am Beispiel der Kritik durch den Chef erklärt habe.

Die Auslöser für die Kränkung müssen nicht absichtsvoll erfolgen, indem jemand versucht, uns bewusst zu verletzen. Es kann sich auch um beiläufige Bemerkungen und Gesten handeln, die gar nicht auf uns bezogen sind. Es können auch so genannte »Kleinigkeiten« sein, die unsere Seele erschüttern.

Auf diese Weise kann jedwede Reaktion aus der Umwelt Kränkungsreaktionen auslösen. Das macht die Situation nicht einfacher, zeigt aber deutlich, wie viel Verantwortung auf Seiten des Gekränkten liegt. Er hat in vielen Fällen die Wahl, die Entwertung anzunehmen oder abzuwehren.

Bei unbeabsichtigten Kränkungen, bei denen der Gekränkte die Signale missversteht oder als gegen sich gerichtet fehlinterpretiert, ist es leichter, von der Verantwortung des Gekränkten zu sprechen. Bei offensichtlichen Angriffen, Abwertungen, Beschimpfungen und Kritik ist das schon etwas schwieriger. Doch auch in diesen Fällen läuft derselbe Mechanismus ab: In welchem Ausmaß sich jemand gekränkt fühlt ist abhängig von der Bedeutung, die er dem Ereignis gibt, und diese hängt wiederum ab von seiner inneren Sicherheit und früheren Erfahrungen.

Für die einen bedeutet daher eine Absage eine persönliche Kränkung, für andere ist es nur eine bedauerliche Begebenheit. Auch kann die Bedeutung einer Absage bei einer Person wechseln, je nachdem, welche Wichtigkeit das Ereignis hat. Deshalb kann einmal eine Absage wie eine Kränkung erlebt werden, ein anderes Mal nur Bedauern hervorrufen und ein drittes Mal Gleichgültigkeit auslösen.

Kränkbarkeit bedeutet aus dieser Sicht, viele Ereignisse persönlich zu nehmen, auf sich zu beziehen und ihnen eine entwertende Bedeutung zuzuschreiben. Tut der Betroffene das nicht, dann lässt er die Verantwortung bei dem Kränkenden und sucht nicht die Gründe für die Ablehnung bei sich.

Ein Auszug aus dem Interview mit dem schwarzen Schauspieler Morgan Freeman, das ich in der *Süddeutschen Zeitung* las, verdeutlicht, was ich meine:

Interviewerin (I): Was passiert, wenn ich »Nigger« zu Ihnen sage?
Freeman (F): Nichts.
I: Warum nicht?
F: Was passiert, wenn ich »deutsche Dummkuh« zu Ihnen sage?
I: Nichts.
F: Warum nicht?

I: Ich fühle mich nicht angesprochen.
F: Sehen Sie, ich auch nicht.
I: Ist das der Trick, sich nicht angesprochen fühlen?
F: Wenn Sie mich »Nigger« nennen, haben Sie ein Problem, nicht ich, weil Sie das falsche Wort benutzen. Indem ich mich nicht angesprochen fühle, lasse ich Sie mit Ihrem Problem allein. Selbstverständlich gilt diese Taktik nicht, wenn Sie mich tätlich angreifen. Dann wehre ich mich, das verspreche ich Ihnen.

Bei diesem Beispiel geht es mir an dieser Stelle nicht um den politischen Inhalt, nicht um die Problematik von Schwarzen oder von Ausländern, auch nicht um Ausländerfeindlichkeit. All diese Themen stehen im Moment nicht im Vordergrund. Ich möchte Ihnen mit diesem Interviewauszug lediglich deutlich machen, welche Wahlmöglichkeiten wir haben, um mit Kränkungssituationen umzugehen. Denn in vielen Fällen haben wir die Entscheidungsfreiheit, eine Entwertung anzunehmen oder sie demjenigen zurückzugeben, der sie ausgeteilt hat. Wir sind nicht gezwungen, etwas anzunehmen, das nicht zu uns gehört. Somit entscheiden wir selbst, was für uns zu einer Kränkung wird.

Wir können eine Kränkungsreaktion verhindern, wenn wir den Kommentar eines anderen nicht auf uns beziehen, sondern ihn bei demjenigen lassen, der ihn macht.

IHRE VERANTWORTUNG FÜR DIE KRÄNKUNG BEDEUTET:

- Jede Reaktion aus der Umwelt kann bei Ihnen Kränkungsreaktionen auslösen.

- Die Tatsache, dass Sie sich gekränkt fühlen, hat mehr mit Ihnen zu tun als mit der Kränkungstat an sich.

- Sie sind Kränkungen nicht hilflos ausgeliefert, sondern Sie gestalten sie aktiv mit, indem Sie Ereignisse oder Reaktionen von anderen als persönliche Entwertung interpretieren.

- In welchem Ausmaß sich jemand gekränkt fühlt, ist abhängig von der Bedeutung, die er dem Ereignis gibt, und diese hängt von seiner inneren Sicherheit, seinen Bedürfnissen und früheren Erfahrungen ab.

Das geschwächte Selbstwertgefühl

Das Wesentliche am Kränkungskonflikt ist der Angriff auf und die Schwächung des Selbstwertgefühls. Auf diese Weise sind Kränkungsreaktionen und Selbstwertgefühl unmittelbar miteinander verbunden und bedingen sich sogar teilweise. Das erkennt man schon an der Herkunft des Wortes Kränkung, das sich vom mittelhochdeutschen Wort »krenken« herleitet im Sinne von schwächen, mindern, schädigen, zunichte machen, plagen und erniedrigen.

Ein zweiter Wortstamm ist »kranc«, was soviel bedeutet wie schmal, gering und schwach. In der Kränkung fühlen wir uns geschwächt, gering, erniedrigt.

Der Zusammenhang zwischen Kränkung und Selbstwertgefühl besteht in zweierlei Hinsicht.

1. Kränkungen schwächen unser Selbstwertgefühl und sind verbunden mit Selbstzweifeln und einer Verunsicherung unserer Person und unseres Identitätsgefühls. Schwächend ist dabei das Gefühl, zu kurz zu kommen, weniger wert zu sein, benachteiligt und damit weniger geliebt zu werden. Der Hass, der Neid, die Empörung und der Schmerz haben als Hintergrund immer die Befürchtung, schlechter, minderwertiger, unbedeutender zu sein als andere. Stehen wir nicht in der ersten Reihe, womit sogar ein Fernsehsender wirbt, dessen Zuschauern dieser Logenplatz versprochen wird, werden wir nicht berücksichtigt, gesehen oder gehört, werden also unsere narzisstischen Bedürfnisse nicht ausreichend erfüllt, dann reagieren wir gekränkt.

2. Sehr kränkbare Menschen, die wir im Alltag als »empfindlich« oder als Mimosen bezeichnen würden, sind häufig Menschen mit einem instabilen Selbstwertgefühl. Sie reagieren schnell beleidigt, ziehen sich schon bei geringsten Anlässen zurück und sind für einige Zeit nicht mehr ansprechbar. Teilweise sind sie sogar chronisch gekränkt. Allein durch einen falschen Ton in der Stimme, ein barsches Wort oder eine hochgezogene Augenbraue können sie massiv in ihrem Selbstwertgefühl verletzt werden. Das Gegenüber weiß manchmal gar nicht, was los ist, spürt jedoch, dass es diesen Menschen in irgendeiner Weise getroffen hat. In Partnerschaften, Freundschaften, Nachbarschaftsbeziehungen oder Arbeitskontakten haben Sie vielleicht schon die Erfahrung gemacht, dass Sie eine »falsche« Bemerkung gemacht haben oder etwas unterlassen haben und der andere ist gekränkt, wendet sich ab und bricht den Kontakt ab.

Einen Menschen mit einem stabilen Selbstwertgefühl, den wir selbstbewusst nennen würden, werden wir dagegen nicht so leicht kränken können. Ein solcher Mensch wird negative Botschaften von seinem Gegenüber zum einen nicht so sensibel wahrnehmen, zum anderen nicht sofort auf sich beziehen und damit nicht in demselben Maße verunsichert werden. Der Umgang mit einem solchen Menschen ist zweifelsfrei einfacher, wir müssen nicht so Acht geben, etwas Falsches zu sagen oder zu tun.

***Kränkbar ist jeder Mensch, wenn auch
in unterschiedlichem Ausmaß.***

Kränkungen gehören zum Leben, wie auch der Angriff auf unser Selbstwertgefühl einen Teil unseres alltäglichen Erlebens ausmacht. Wir werden kritisiert, abgelehnt, ausgeschlossen, verlassen und zurückgewiesen. Ebenso werden wir auch geliebt, angenommen, gewollt und gelobt. Doch eben nicht immer.

***Die Auseinandersetzung mit
Zurückweisungen bleibt daher
niemandem erspart, so gerne wir
das auch hätten.***

KRÄNKUNGEN SCHWÄCHEN DAS SELBSTWERTGEFÜHL

- Das Wesentliche am Kränkungskonflikt ist der Angriff auf und die Schwächung Ihres Selbstwertgefühls.

- In der Kränkung fühlen Sie sich geschwächt, erniedrigt, gering.

- Menschen mit einem schwachen Selbstwertgefühl reagieren empfindlicher auf Kränkungen. Sie zeigen oft mimosenhaftes Verhalten.

- Selbstbewusste Menschen mit einem stabilen Selbstwertgefühl sind nicht so leicht kränkbar, da sie negative Botschaften nicht sofort auf sich beziehen.

- Jeder Mensch ist kränkbar, wenn auch in unterschiedlichem Ausmaß.

Wenn Anerkennung und Bedürfnisse zu kurz kommen

In Kränkungskonflikten spielt die Nichterfüllung so genannter narzisstischer Bedürfnisse eine wesentliche Rolle, da sie sich direkt auf das Selbstwertgefühl beziehen. Sie werden subjektiv erlebt als Wunsch, um seiner selbst willen geliebt, geachtet und akzeptiert zu werden, für andere eine Bedeutung zu haben und auch in ihrem Leben eine Rolle zu spielen. Im Zusammenhang mit Kränkungen bleiben sie unerfüllt, was als Entwertung oder Schwächung der eigenen Person erlebt wird.

Menschen mit einem instabilen oder schwachen Selbstwertgefühl sind deshalb schneller kränkbar, weil sie sich selbst schwerer anerkennen und wertschätzen können und stattdessen von Selbstzweifeln getrieben sind. Sie sind daher zur positiven Einschätzung ihrer selbst sehr viel stärker auf die Beachtung von außen angewiesen als Menschen, die um ihren Wert wissen. Bleiben Akzeptanz und Anerkennung aus, zementiert das die negative Sicht von sich selbst und führt zu einer Selbstwertkrise, die ein stabiler Mensch nicht in demselben Maß erlebt. Unglücklicherweise verhindert die Unsicherheit über den eigenen Wert häufig das Annehmen des Positiven, wodurch die Selbstwertstärkung durch Lob misslingt. Auch bei Depressionen ist dieser Mechanismus zu beobachten und in vielen Fällen nicht ohne Psychotherapie zu verändern.

Kränkungen erleben wir auch dann, wenn Bedürfnisse unerfüllt bleiben, die uns im aktuellen Moment so wichtig sind, dass wir an ihre Erfüllung unseren persönlichen Wert knüpfen. Können wir das Bedürfnis identifizieren und spüren, was uns fehlt, dann sind wir schon ein ganzes Stück weiter: Wir können dann um das bitten, was wir brauchen, statt beleidigt zu sein, und haben dadurch die Chance, »satt« zu werden.

Ein Beispiel: Sie haben sich ein neues Kleid gekauft, mit dem Sie Ihren Partner überraschen wollen, aber er bemerkt es nicht und äußert sich auch nicht positiv über Ihr Aussehen. Ihr Bedürfnis, wahrgenommen zu werden und ihm zu gefallen, bleibt unerfüllt, was sie besonders trifft, weil Sie sich schon länger »übersehen« und nicht ausreichend geliebt fühlen. Unter diesen Bedingungen kann es zu einem Streit kommen, wenn Sie ihm Ignoranz vorwerfen und er sich lautstark verteidigt, so viel um die Ohren zu haben, dass er nicht auch noch jedes neue Kleid kommentieren könne. Da es Ihnen aber im Grunde nicht um das neue Kleid, sondern um Ihre Person geht, fühlen Sie sich zurückgewiesen und gekränkt. Sie wenden sich beleidigt ab oder schmeißen wütend die Tür.

Konstruktiver und lösungsorientierter wäre es, wenn Sie zuerst sich selbst und dann Ihrem Partner klar machen, worum es Ihnen »eigentlich« geht. Dazu ist es nötig, Ihre Bedürfnisse wahrzunehmen, beispielsweise nach mehr Gemeinsamkeit und Nähe, und diese auf eine Weise auszudrücken, dass wieder Kontakt zwischen Ihnen entsteht. Der Wink mit dem neuen Kleid ist sehr indirekt. Wenn Sie jedoch offen mitteilen, was Ihnen fehlt, dann haben Sie die Chance, sich gemeinsam über Ihre Beziehung zu unterhalten und erfahren möglicherweise, dass auch Ihr Partner sich vernachlässigt fühlt und mehr Nähe sucht.

IM ZUSAMMENHANG MIT KRÄNKUNGEN BLEIBEN IM WESENTLICHEN UNSERE NARZISSTISCHEN BEDÜRFNISSE UNBEFRIEDIGT

- Narzisstische (auf die Selbstliebe bezogene) Bedürfnisse bleiben in Kränkungssituationen unerfüllt.

- Sie fühlen sich nicht gesehen und gehört, werden nicht ausreichend ernst genommen, bekommen keine Antwort, werden nicht geachtet und erhalten zu wenig Anerkennung, Bestätigung und Lob.

- Sind Sie in der Wertschätzung Ihrer Person stärker auf Anerkennung von außen angewiesen, dann sind Sie schneller kränkbar, wenn diese ausbleibt.

- Sie beenden Kränkungsreaktionen, indem Sie Ihre unerfüllten Bedürfnisse wahrnehmen und aktiv danach suchen, was Sie »satt« machen kann.

Lieber sind wir wütend, als zu spüren, wie weh es tut

Kränkungsreaktionen sind verbunden mit Gefühlen von Ohnmacht, Wut, Verachtung, Enttäuschung und Trotz. Dies sind jedoch keine »wirklichen«, echten Gefühle, sondern können eher als Zustände verstanden werden. Echte, vitale Gefühle, die in Kränkungssituationen ausgelöst werden, sind vor allem Schmerz, Wut, Scham und Angst. Und diese Gefühle werden in der erlittenen Kränkung kaum oder gar nicht gespürt, geschweige denn ausgedrückt.

Unsere Kränkungsreaktion hilft uns, diese Gefühle weitestgehend auszublenden, stattdessen verstricken wir uns in Empörung, Selbst- und Fremdanklagen und Kränkungswut, oft verbunden mit Rachegedanken.

Die Kränkungswut und die Verachtung sind gleichsam Schutzreaktionen vor dem Schmerz der Verletzung, vor der Angst und der Scham. Wut und Verachtung haben zum Ziel, die schmerzliche Gekränktheit zu beenden und zu neutralisieren. Lieber sind wir wütend, als zu spüren, wie weh es tut. Insofern steht die

> **Schmerz, Wut, Scham und Angst werden in Kränkungssituationen ausgelöst.**

Kränkungsreaktion im Dienste der Abwehr von Angst, Scham, Schmerz und einem konstruktiven Ärger, der etwas anderes ist als der destruktive Hass und die zerstörerische Wut in der Kränkung. Die konstruktive Wut will schützen, Grenzen setzen und die Beziehung erhalten, wogegen die destruktive Kränkungswut den anderen und die Beziehung, oftmals sogar sich selbst, systematisch zerstören will. Sie ist nicht auf Lösung gerichtet, sondern auf Zerstörung.

Lassen wir jedoch die echten Gefühle in einer Kränkungssituation zu, dann sind wir traurig, es schmerzt, wir haben Angst, schämen uns für eventuelle Fehler oder sind wütend, aber wir sind nicht gekränkt, nicht destruktiv, beleidigt abgewandt oder ohnmächtig. Wir sind in Kontakt mit uns, mit unseren Gefühlen und dadurch handlungsfähig. Denn wir können im Schmerz Trost suchen, uns in der Angst Unterstützung und Rat holen, über unsere Schamgefühle sprechen und unsere Wut ausdrücken, ohne die Beziehung zu zerstören.

Wie Kränkungen ablaufen

Die Kränkung entsteht durch:

Verletzung durch andere aufgrund von Zurückweisung und Entwertung.

↓

Die Kränkung löst Schmerz, Scham, Angst und Wut aus.

↓

Diese Gefühle werden weitgehend abgewehrt.

↓

Erlebt werden destruktive Wut, Verachtung, Ohnmacht, Enttäuschung und Trotz.

↓

Die Reaktionen in der Kränkung sind Rache, Gewalt gegen sich und andere, Beziehungsabbruch.

Schreck lass nach!

Die Kränkungsreaktion ist einer Schreckreaktion sehr ähnlich. Wenn wir gekränkt werden, aber auch wenn wir jemanden kränken, erschrecken wir, halten den Atem an, erstarren körperlich, verkrampfen uns und können erst einmal nicht klar denken. Das ist auch ein Grund dafür, dass uns oft die besten Antworten auf Abwertungen oder Frechheiten anderer erst viel später einfallen. In der realen Situation sind wir so sehr damit beschäftigt, die Kontrolle über uns und die Situation zu bewahren, dass wir kaum schlagfertig reagieren können. Das gelingt uns meist nur dann, wenn wir emotional nicht so stark betroffen sind.

Die subjektive Beschreibung der körperlichen und emotionalen Reaktionen in Kränkungssituationen reicht von Herzrasen über weiche Beine, Stillwerden, Kälteempfindungen, Enge in der Brust, Panik, Resignation bis zur Ohnmacht. Die echten Gefühle nehmen wir, wie oben beschrieben, nicht oder nur ansatzweise wahr, wir ziehen uns in uns selbst zurück oder versuchen einen Befreiungsschlag, um die Starre abzuschütteln. Gelingt es uns auf Dauer nicht, die Erstarrung in uns aufzulösen und sind oder waren wir weiteren Kränkungssituationen ausgeliefert, kann das zu körperlichen Problemen führen wie chronischen Muskelverspannungen, Atembeschwerden, Gallenleiden und vielem mehr.

Ein Beispiel für den Zusammenhang zwischen Erkrankung und Kränkung liefert die Geschichte von Bertolt Brecht (entnommen aus dem Buch von Kurt Singer *Kränkung und Kranksein*) »*Unser bester Lehrer*«, die im Folgenden in gekürzter

Fassung wiedergegeben wird: »Unser bester Lehrer war ein großer, erstaunlich hässlicher Mann, der in seiner Jugend, wie es hieß, eine Professur angestrebt hatte, mit diesem Versuch aber gescheitert war. Diese Enttäuschung brachte alle in ihm schlummernden Kräfte zu voller Entfaltung. Er liebte es, uns unvorbereitet einem Examen zu unterwerfen, und stieß kleine Schreie der Wollust aus, wenn wir keine Antworten wussten ... Seine Aufgabe war es, aus uns Menschen zu machen. Das gelang ihm nicht schlecht. Wir lernten zwar keine Chemie bei ihm, wohl aber, wie man sich rächt.

Alljährlich kam ein Schulkommissar, und es hieß, er wolle sehen, wie wir lernten. Aber wir wussten, dass er sehen wollte, wie die Lehrer lehrten. Als er wieder einmal kam, benützten wir die Gelegenheit, unseren Lehrer zu brechen. Wir beantworteten keine einzige Frage und saßen da wie die Idioten. An diesem Tag zeigte unser Lehrer keine Wollust bei unserem Versagen. Er bekam die Gelbsucht, lag lange krank und wurde, zurückgekehrt, nie wieder der alte, wollüstige Mensch.«

»Sich gelb ärgern« ist ein umgangssprachlicher Ausdruck, der auf den Zusammenhang zwischen dem Gefühl Ärger und der Funktion der Leber hinweist. Der Lehrer wurde durch die Rache der Schüler nicht psychisch auffällig, aber krank, eine Reaktion, die wir häufig bei psychosomatischen Erkrankungen feststellen. In dem Text wird auch auf den Hintergrund der Kränkungsreaktion hingewiesen: eine Enttäuschung in jungen Jahren, die der Lehrer anscheinend nie überwunden hat und die bis in die Gegenwart hinein sein abwertendes Verhalten speiste.

DER SCHRECK DER KRÄNKUNG

■ In der Kränkung erschrecken Sie.

■ Ihr Körper reagiert in Kränkungssituationen mit einer Reihe spezifischer Muster wie Atem anhalten, Muskelverkrampfung und Starre.

■ Tiefes Atmen und Bewegen sind die ersten Reaktionen, die Ihnen aus der Erstarrung heraushelfen und die Basis zur Überwindung von Kränkungen darstellen.

■ Nicht verarbeitete Enttäuschungen wirken als Nährboden für aktuelle Kränkungshandlungen.

■ Bleibt der Körper in Schreckreaktion, kann das zu körperlichen Krankheiten führen.

Wenn wir gekränkt sind

Die Kränkung trifft den wunden Punkt

Die Rolle des Gekränkten kennt jeder. Sei es, dass die Kränkungserlebnisse schon lange zurückliegen, sei es, dass wir sie gerade eben erst erlebt haben. Sie können für unser Leben schwer wiegende Bedeutung haben oder kleine Kränkungen sein, die wir relativ schnell wegstecken. Wie auch immer, wir wissen, wie sich erlittene Kränkung anfühlt.

Können Sie sich noch an die letzte Kränkung erinnern, die Sie erlebten? Wann passierte sie und durch wen? Wie haben Sie sich gefühlt und verhalten? Wissen Sie, welche Erwartungen und Bedürfnisse damals zu kurz kamen?

Haben Sie den Mut und bleiben Sie kurz bei diesem Erlebnis. Auf dem Hintergrund einer persönlichen Erfahrung und Betroffenheit liest sich das Folgende möglicherweise spannender.

Verletzungen durch andere geschehen oft ohne Absicht

und ohne, dass wir darauf vorbereitet sind. Kränkungen treffen uns wie ein Blitz aus heiterem Himmel, oft verstehen wir selber nicht, warum wir so heftig reagieren. Dennoch tun wir es, weil die Kränkung uns an dem Punkt berührt, an dem wir empfindlich sind. Ich habe ihn deshalb auch den wunden Punkt genannt, denn wir sind an dieser Stelle verwundet. Der wunde Punkt bildet sich da, wo erlittene Kränkungen und Verletzungen nicht verheilt sind und durch neue Erlebnisse jederzeit aktiviert werden können. Jede Verletzung mit ähnlichem Inhalt trifft uns an dieser Stelle, reißt die alte Wunde wieder auf und lässt sie schmerzen. Unsere aktuelle Reaktion ist also nicht nur bestimmt durch die gerade erlebte Kränkungshandlung, sondern auch durch das, was wir in diesem Zusammenhang bisher erlebt haben. Unser Schmerz ist nicht nur der aktuelle, sondern auch der alte; die Wut ist nicht nur die gegenwärtige, sondern die Summe aller Wutgefühle auf alle, die uns bislang kränkten; der Kränkende ist nicht nur der einzelne Mensch, sondern vertritt alle früheren »Kränker«. Das bewirkt zum einen, dass unser Verhalten heftiger ausfällt als nötig und dass wir uns in den Augen anderer völlig daneben oder zumindest unverständlich verhalten. Zum anderen bedeutet es, dass wir unser Gegenüber nicht mehr angemessen wahrnehmen, sondern in ihm, quasi als Repräsentant, alle anderen mitbekämpfen.

Isolde litt darunter, dass ihre Zweierbeziehungen immer wieder zerbrachen. In jedem neuen Partner sah sie den erhofften Richtigen und war sich sicher, dass es dieses Mal klappen würde. Sie gab sich alle Mühe, alte Fehler nicht zu wiederholen und eine anziehende und liebenswerte Partnerin zu sein. Doch bei dem leisesten Anzeichen einer Entfernung des Freundes reagierte sie schon verletzt. Die Enttäuschungen über die gescheiterten Beziehungen nahmen ihr jede innere Ruhe und Großzügigkeit, und die panische Angst, wieder verlassen zu werden, überwältigte sie. Um der Angst Herr zu werden, fing sie an, Kontrolle auszuüben, damit ihr die Situation nicht aus der Hand glitt. Ihre Kontrolle ließ dem Partner jedoch zu wenig Raum, erdrückte ihn und führte dazu, dass er sich zurückzog. Aufgrund ihrer Verletztheit konnte sie diese Situation nicht ertragen, war aber auch nicht fähig, sich mit dem Partner konstruktiv auseinander zu setzen. Stattdessen beschimpfte sie ihn, machte ihm Vorwürfe und war so außer sich, dass sie blind vor Zorn wurde. Sie konnte sich nicht mehr in ihn einfühlen, ihn nicht mehr wahrnehmen, sondern war von ihrer Gekränktheit völlig absorbiert.

Die therapeutische Arbeit bestand darin, sie wieder in Kontakt mit sich selbst zu bringen und die Wunde zu identifizieren, die durch eine drohende Trennung aufgerissen war. Es stellte sich heraus, dass sie ihren Vater sehr früh verlor, als er bei einem Unfall ums Leben kam. Der Schmerz und die Wut über diesen Verlust hatten bisher nie Raum gehabt und bildeten den wunden Punkt in ihr. Jetzt konnte sie das erste Mal den Tod des Vaters betrauern und ihre Enttäuschung und Wut über seine Abwesenheit erleben und ausdrücken. Auch spürte sie, dass viel von dem Schmerz und der Wut, die sie bei Trennungen erlebt, mit den Gefühlen zu ihrem Vater zusammenhängt. Der Partner erfährt dann neben der aktuellen Enttäuschungsreaktion stellvertretend die Emotionen, die eigentlich ihrem Vater gelten.

Für den Partner sieht die Situation völlig anders aus. Er spürt die Angst der Frau als Druck, ohne genau zu wissen, was los ist. Hat er selbst in seiner Geschichte negative Erfahrungen mit Druck gemacht, wird er durch ihr Verhalten an seinem wunden Punkt getroffen. Sein Thema könnte darin bestehen, sich nicht frei entscheiden zu dürfen und für Eigenständigkeit mit Liebesverlust bestraft zu werden. Wird Kontrolle ausgeübt, bekommt er Angst und muss sich daher übermäßig abgrenzen, um dem Druck nicht zu erliegen. Dass seine Freundin das als Zurückweisung erlebt, ahnt er möglicherweise nicht. Kennt er jedoch ihre Geschichte, kann er Verständnis für ihre Befürchtungen aufbringen, was den Kontakt zwischen ihnen druckfreier und entspannter werden lässt. Ebenso kann sie mehr Freiheit gewähren, wenn sie sich in seine Geschichte und seinen wunden Punkt einfühlen kann. Das gegenseitige Wissen um die Verletzbarkeiten wird zukünftige Kränkungen nicht unbedingt verhindern, aber die Heftigkeit der Reaktion abmildern und konstruktive Wege der Auseinandersetzung eröffnen, ohne sich trennen zu müssen oder sich übermäßig Schaden zuzufügen.

WAS BEDEUTET DAS WISSEN UM DEN WUNDEN PUNKT FÜR DEN UMGANG MIT KRÄNKUNGSERLEBNISSEN?

Fragen Sie sich:
- Welchen wunden Punkt berührt die Kränkung?
- Welche alte Wunde bricht durch die aktuelle Situation wieder auf?
- Welches schmerzliche Thema ist in Ihnen noch nicht geheilt?
- Müssen Sie dem anderen sein Verhalten wirklich so übel nehmen, oder bekommt er eine Reaktion ab, die noch jemand anderem gilt?
- Sehen Sie im Kränkenden vielleicht jemand anderen?
- Welche Reaktion gehört zu dem aktuellen Menschen, der Sie kränkt, und welche zu einem früheren?
- Wie ist die Geschichte des anderen, was verletzt ihn, welchen wunden Punkt treffen Sie bei ihm?

MACHEN SIE SICH KLAR, DASS

- der Partner Ihre alten Wunden nicht heilen kann.

- Sie die Verantwortung für Ihre Gefühle haben und nicht der andere.
- Wut, Vorwürfe und Anklagen kein Problem lösen.
- Sie für sich und Ihr Gegenüber Verständnis aufbringen müssen.
- die Sicht des anderen von Ihrer verschieden ist.

WAS KÖNNEN SIE TUN?

- Drücken Sie Ihre überschießenden Gefühle dem anderen gegenüber nicht sofort aus, sondern ordnen Sie sie zuerst in sich.
- Warten Sie mindestens einen Tag und eine Nacht ab, bevor Sie reagieren.
- Überprüfen Sie Ihre Annahmen über die Absichten des anderen an der Realität.
- Bevor Sie auf Verdacht handeln, fragen Sie vorher nach, ob Ihre Annahmen stimmen.
- Sagen Sie dem anderen, was Sie befürchten und was Sie brauchen, um sich sicher zu fühlen.
- Fragen Sie den anderen, was er fühlt und von Ihnen braucht.

Ich nehme alles persönlich

Die Erfahrungen, die den wunden Punkt bilden, hinterlassen in uns bestimmte Einstellungen zu uns, anderen Menschen und der Welt. Wer sich beispielsweise als Kind abgelehnt fühlte oder sogar ausgeschlossen wurde, kann die Einstellung entwickeln: »Ich mach nichts richtig, ich gehöre nicht dazu, mich will keiner.« Aufgrund dieser Überzeugung wird er die Welt und andere Menschen unter dem Blickwinkel der möglichen Zurückweisung sehen. In dieser Haltung prägen sich Selbstzweifel, soziale Ängste und Unsicherheit aus, die ein Nährboden für Kränkbarkeit darstellen. Aufgrund seiner Selbstunsicherheit und der Angst, etwas falsch zu machen, tendiert ein solcher Mensch dazu, alles persönlich zu nehmen und das Negative auf sich zu beziehen. Eine abwertende Bemerkung, die er aufschnappt, gilt natürlich ihm; ein kritischer Blick beweist ihm, dass er etwas falsch gemacht hat; betritt er das Büro der Kollegen und sie hören daraufhin auf zu sprechen, haben sie vorher selbstverständlich schlecht über ihn geredet; auch für die miese Laune der Ehefrau fühlt er sich verantwortlich. Es scheint, als drehe sich die ganze Welt nur um ihn, und die anderen seien ständig darauf bedacht, ihm das Leben schwer zu machen.

Das Kränkungsrisiko eines solchen Menschen ist zwangsläufig sehr groß, weil er in hohem Maße auf die Reaktionen aus der Umwelt angewiesen ist und dadurch jedes kritische oder abwertende Signal wahrnimmt. Auf diese Weise bestätigt er sich sein negatives Selbstbild, was ihn in der Folge noch kränkbarer und unsicherer macht.

KRÄNKBARE MENSCHEN NEHMEN ALLES SCHNELL PERSÖNLICH

- Selbstzweifel, soziale Ängste und Unsicherheit sind ein Nährboden für Kränkbarkeit.
- Kränkbare Menschen zeichnen sich dadurch aus, dass sie alles Negative auf sich beziehen.
- Sie beobachten ihre Umwelt sehr sorgfältig und registrieren jede negative Regung.
- Sie fühlen sich ständig schuldig, auch wenn sie es nicht sind.
- Sie sind meist selbstunsicher und haben Angst.

WIE KÖNNEN SIE EINE SOLCHE HALTUNG ÜBERWINDEN?

- Wenden Sie den Blick auf das Positive und registrieren Sie Lob, Komplimente, freundliche Blicke oder sogar ein Lächeln von Ihrem Gegenüber.
- Stärken Sie Ihre Selbstachtung, indem Sie es sich wert sind, gut behandelt zu werden.

- Schlucken Sie nicht alles, was Ihnen vorgesetzt wird.
- Fragen Sie im Zweifelsfall nach, ob die negative Bemerkung, der kritische Blick oder die Ablehnung wirklich Ihnen gilt. Wenn ja, dann fragen Sie warum.
- Machen Sie sich klar: Sie sind nicht für alles verantwortlich und an allem schuld.
- Haben Sie den Mut, sich Ihren möglichen Anteil an dem Kränkungskonflikt einzugestehen, nur dann können Sie ihn befriedigend lösen.
- Überprüfen Sie Ihre kritische und abwertende Haltung sich selbst gegenüber; vielleicht tun Sie mit sich das, was Sie den anderen unterstellen, nämlich sich abwerten.
- Achten Sie darauf, wie Sie selber andere Menschen entwerten durch Worte, Blicke oder in Gedanken. Wer befürchtet, abgewertet zu werden, tendiert dazu, andere abzuwerten.
- Auch wenn es Ihnen schwer fällt, konzentrieren Sie sich bewusst auf die liebenswerten Seiten der Menschen.
- Ein versöhnlicher Blick auf die anderen stimmt auch den Blick auf sich selbst versöhnlicher und umgekehrt.

Wie es ist, ist es falsch

Die Einstellung »Wie es ist, ist es falsch« zeigt sich an ständiger Unzufriedenheit mit sich selbst, der Welt und den anderen. Das Wetter ist für diese Menschen entweder zu kalt oder zu warm, und so halten sie es mit den meisten Situationen: Weder die Betroffene selbst noch die anderen können es ihr recht machen. Die Folge sind ständige Enttäuschungen, die den Boden für eine chronische Gekränktheit bereiten. Nicht selten drückt sie sich in Krankheiten oder diffusen Schmerzzuständen aus, obwohl das eigentliche Problem kein körperliches, sondern ein psychisches ist.

Ein chronisch gekränkter Mensch leidet nicht nur subjektiv, sondern macht auch den anderen das Leben schwer, weil er konstruktive Auseinandersetzungen verhindert. Versuchen Sie einmal einen kränkbaren Menschen zu kritisieren oder auf einen Fehler hinzuweisen. Das wird Ihnen kaum gelingen, weil diese Person entweder alles, was Sie ihr sagen, unhinterfragt schluckt und in Schuldgefühlen versinkt oder so gekränkt ist, dass sie alles abwehrt und Ihnen Böswilligkeit unterstellt. Damit werden Sie »ausgehebelt«, weil es nicht mehr möglich ist, sich sachlich über ein Problem zu verständigen. Wenn der differenzierte Blick auf das eigene Verhalten verloren geht, fehlt auch die Bereitschaft, den persönlichen Anteil an einem Kränkungskonflikt wahrzunehmen. Dann bleiben nur die Extreme: entweder sich ungerechtfertigt abzuwerten und sich völlig in Frage zu stellen oder jede Schuld zu leugnen. Eine konstruktive Konfliktlösung wird damit unmöglich.

Irene war 40 Jahre alt, äußerst attraktiv und immer freundlich. Auf den ersten Blick hätte niemand angenommen, dass sie innerlich verbittert und zutiefst enttäuscht war. Im Grunde funktionierte sie nur, aber sie lebte nicht. In die Therapie kam sie, weil sie sich depressiv fühlte und oft krank war. Aber nicht nur das, im Grunde stimmte gar nichts in ihrem Leben. In ihrem Beruf war sie unzufrieden und sie klagte ständig über die Unterforderung in ihrer Tätigkeit. Wurde ihr jedoch eine verantwortungsvolle Aufgabe übertragen, lehnte sie ab aus Angst, sie nicht zu bewältigen. Ihre Wohnsituation war problematisch, weil sie nicht genau wusste, wo sie leben wollte und keine Wohnung so recht passte. Die eine war zu laut, die andere zu klein, die dritte zu abgelegen. Entschied sie sich dann für einen Ort, tauchten nach kürzester Zeit schier unüberwindliche Schwierigkeiten auf. Auch ihre Freunde entsprachen nur selten ihren Vorstellungen, weshalb sie sich oft heftig über sie beklagte. Meldeten sie sich jedoch nicht bei ihr, war sie zutiefst gekränkt, fühlte sich ausgeschlossen und nicht gewollt. Dass es eigentlich nur wenige länger mit ihr aushielten, wagte ihr keiner direkt zu sagen, weil sie eine solche Kritik mit vehementen Vorwürfen und dem Abbruch der Beziehung beantwortet hätte. Ihre ganze Haltung war getragen von Vorwurf, Ablehnung und Misstrauen. Meist waren es die anderen, die an ihrem Leid schuld waren, weshalb sie sie verstieß. Danach bedauerte sie diesen Schritt, weil sie sich allein und verlassen fühlte. Dann war sie wieder zugewandt und freundlich, bis irgendetwas geschah, was sie erneut kränkte. In diesem Moment begann das »Spiel« von vorne.

Wenn es darum ging herauszufinden, welches ihr Anteil an den Beziehungskonflikten war, versank sie entweder in Selbstbeschimpfung und Selbstmitleid oder in hasserfüllte Ablehnung. Es gelang ihr nicht, ihr Verhalten zu reflektieren, ohne sich oder die anderen zu entwerten. Diese Haltung entwickelte sie nach einiger Zeit auch der Therapie gegenüber, nachdem sie spürte, dass eine Veränderung nicht ohne ihr Zutun und ihre Verantwortung gelingen wollte. Sie war gekränkt und enttäuscht, dass sich ihre Erwartungen an die Behandlung nicht erfüllten.

Gekränkte Menschen machen sich und anderen das Leben schwer.

SIE LEIDEN UNTER DER ÜBERZEUGUNG, »WIE ES IST, IST ES FALSCH«

- wenn Sie meistens unzufrieden sind,
- wenn Sie an allen und allem etwas auszusetzen haben,
- wenn Sie immer etwas anderes wollen, als Sie gerade haben,
- wenn das, was Sie bekommen, nicht ausreicht, das Falsche ist oder zur falschen Zeit vom falschen Menschen kommt,
- wenn Sie starke Angst haben, kritisiert oder auf Fehler hingewiesen zu werden,
- wenn Sie davon überzeugt sind, dass andere an ihrem Leid schuld sind,
- wenn Sie sich selbst und anderen ständig Vorwürfe machen.

WIE KÖNNEN SIE DAMIT UMGEHEN?

- Hören Sie auf, anderen die Schuld zuzuschreiben.
- Vermeiden Sie Extreme: Sie sind weder für alles verantwortlich noch für gar nichts.

DAS POSITIVE SUCHEN

- Besinnen Sie sich auf Ihre eigene Verantwortung.
- Registrieren Sie bewusst alles Positive, was Sie im Laufe des Tages erfahren, unabhängig von der Person.
- Lassen Sie sich Rückmeldung von anderen geben, hören Sie nur zu, ohne sich gleich zu rechtfertigen, lassen Sie das Gehörte wirken und nehmen Sie ernst, was andere an Ihnen mögen und ablehnen.
- Lernen Sie aus Kritik, indem Sie den Mut haben, sich zu verändern, ohne sich als Person abzuwerten.
- Besinnen Sie sich auf den Moment und registrieren Sie bewusst, was alles in Ordnung ist.
- Seien Sie auch für kleine Erfolgserlebnisse offen und dankbar, weil ständige Enttäuschungen den Boden für eine chronische Gekränktheit bereiten.
- Entwickeln Sie eine neue Einstellung: »Wie es ist, ist es richtig und ich mache das Beste daraus.«

Ich bin gekränkt, weil du ...

Kränkungskonflikte entstehen dadurch, dass Menschen eine Verbindung herstellen zwischen dem Verhalten des anderen und dem eigenen Wohlbefinden nach dem Muster »Ich leide, weil du ...«, »Ich bin nur glücklich, wenn du ...«, »Wenn du anders wärst, hätte ich weniger Probleme.«

Diese Verbindung zwischen eigenem Wohlbefinden und dem Verhalten des anderen kann fatal werden, weil wir dadurch die Verantwortung für unser Wohlergehen abgeben. Als wären wir völlig abhängig und könnten keine eigenen Entscheidungen treffen.

In Paarbeziehungen finden wir solche Konflikte häufig, weil das emotionale Befinden natürlich auch durch die Art und Weise beeinflusst wird, wie uns der Partner oder die Partnerin behandelt. Dennoch steckt hinter der Botschaft »Ich leide, weil du ...« viel mehr. Sie beinhaltet zum einen den Vorwurf, der andere sei schuld am eigenen Leid. Des weiteren ist darin der Wunsch enthalten, der andere solle anders sein, als er ist. »Weil du so trödelst, komme ich unter Druck«, »Weil du so viel Nähe willst, ersticke ich«, »Weil du so unabhängig bist, fühle ich mich allein«.

Hinter diesen Vorwürfen steht die Hoffnung, der Partner würde in Zukunft weniger trödeln, weniger Nähe suchen oder mehr Abhängigkeit zulassen. Und dann würde es einem besser gehen. Gekränkt sind in diesen Fällen meist beide. Derjenige, der leidet, weil der Partner immer trödelt, fühlt sich von ihm nicht ausreichend gesehen und richtig behandelt und bleibt in seinem narzisstischen Bedürfnis unbefriedigt. Der andere fühlt sich oft sogar zu Recht angegriffen und verurteilt für etwas, das ihn im Grunde nichts angeht.

Eine nicht kränkende Auseinandersetzung bestünde darin, seine Wünsche an den Partner/die Partnerin zu richten, statt Vorwürfe zu machen. Gelingt es dem Partner beispielsweise nicht, pünktlich zu sein, ist es die Verantwortung der Partnerin, ob sie sich dadurch unter Druck setzen lässt oder beispielsweise schon früher geht, um rechtzeitig dort zu sein, wo sie hinwill. Wenn sie lernt, ihre eigenen Entscheidungen zu treffen und eigenverantwortlich für sich zu sorgen, wird sie sich auch besser fühlen.

Sophia war ganz erstaunt, als sie merkte, wie schnell und wie viel Verantwortung sie ihrem Mann überträgt, ohne es zu merken. Sie hatten gerade eine Trennungszeit hinter sich, in der sie gezwungen war, ihr Leben selbstständig einzurichten und Verantwortung für sich zu übernehmen. Je länger sie alleine war, umso besser gelang es ihr, auch wenn sie sehr unter der Distanz zum Partner litt. Seit einem halben Jahr leben sie wieder zusammen und in der ersten Zeit ging es ihr sehr gut. Sie fühlte sich ausreichend von ihrem Mann geliebt und beachtet, was im Laufe des Alltags wieder etwas nachließ. Sie wurde immer depressiver, trauriger, unsicherer und verletzlicher, da sie das Gefühl hatte, nur durch seine Zuwendung gestärkt zu werden und sich sicherer zu fühlen. Blieb sie aus, befürchtete sie, dass ihr Mann sich wieder von ihr entfernte, so wie vor der letzten Trennung. Da ihr Vertrauen in ihren Mann und in die Haltbarkeit der Beziehung gelitten hatte, brauchte sie viel Unterstützung, um sich wieder einzulassen. Die zweite Quelle, die sie unsicher und ängstlich machte, war sie selbst, indem sie viel von ihrer bisherigen Eigenständigkeit aufgab und ihr Wohlbefinden immer stärker von ihrem Mann und seinem Verhalten abhängig machte. Ich fragte sie, was sie denn anders machen würde, wenn sie allein wäre und ihr Mann nicht für sie sorgen könnte. Sie musste nicht lange überlegen: »Ich würde den Kontakt zu meinen Freunden viel wertvoller erleben und intensivieren. Ich würde mehr außer Haus gehen. Ich hätte Lust, mal wieder ein Seminar zu besuchen, das mich zu mir bringt und mich stärkt. Und ich würde mich mehr daran orientieren, was mir Spaß macht.« Wie sich wohl beide fühlen, wenn sie das umsetzt?

Ich bin gekränkt, weil Du ...
führt in die Irre
und in den Konflikt.

Du kommst mir zu nahe

Viele Kränkungen in Beziehungen entstehen durch Nähe-Distanz-Probleme, bei denen ein Partner über die zu starken Nähewünsche des anderen klagt und der andere unter dessen Distanziertheit leidet. Einer zieht sich zurück und signalisiert: »Ich leide, wenn du mir zu nahe kommst.« Das heißt, es würde ihm besser gehen, wenn die Partnerin mehr Abstand halten würde. Die »heiße Kartoffel«, nämlich die Verantwortung für das gelungene Miteinander, hat nun sie, indem sie das richtige Maß an Distanz herstellt. Wenn das im Zusammenleben wirklich so klappen würde, dann bräuchten wir nur den idealen Partner (die ideale Partnerin) zu finden, der nie zu nahe kommt und nie zu weit weg geht. Doch auch der könnte uns nicht wirklich helfen, weil das eigentliche Problem in uns selbst liegt. Was heißt das?

Beim Nähe-Distanz-Konflikt liegt meist eine Ambivalenz vor zwischen:
1. dem Wunsch nach Nähe und der Angst vor Abhängigkeit
2. dem Wunsch nach Autonomie und der Angst vor Verlassenwerden.

Beide Alternativen sind gleichwertig und wir wissen nicht, für welche von beiden wir uns entscheiden sollen.

In der Regel besetzen wir nur einen Pol, zum Beispiel den des Nähewunsches und überlassen dem Partner/der Partnerin den anderen Pol, in dem Fall die Angst vor Abhängigkeit. Wir müssen diese Angst vor Abhängigkeit dann nicht mehr spüren, denn wir lassen sie quasi vom Partner leben. Genauso verhält es sich mit Autonomie und Verlassenheit. Einer besetzt den Teil der Autonomie, verhält sich eigenständig und unabhängig und der andere spürt die Verlassenheitsangst. Nach außen hin erscheint es so, als wenn der eine die Nähearbeit leistet und der andere für die Distanz zuständig ist. Diese »Arbeitsteilung« führt jedoch automatisch zu Kränkungskonflikten, weil es keiner dem anderen recht machen kann. Der eine kommt zu nah und der andere ist zu weit weg und jeder enttäuscht mit seinem einseitigen Verhalten die Bedürfnisse des anderen.

Erst wenn wir diesen äußeren Konflikt zu einem inneren machen, kommen wir einer Lösung näher. Dazu ist es nötig, die jeweils andere Seite, die der Partner/die Partnerin lebt, bei sich selbst zu suchen und das bedeutet, sich seinem Wunsch nach Nähe und der eigenen Angst vor Abhängigkeit gleichermaßen bewusst zu werden. Nicht nur der andere hat Angst vor Abhängigkeit, auch ich habe sie. Nicht nur ich suche die Nähe, der andere sucht sie ebenso. Ebenso geht es darum, bei sich selbst sowohl den Wunsch nach Autonomie als auch die Angst, verlassen zu werden, gleichermaßen zu spüren.

BLEIBEN SIE BEI SICH

ICH BIN GEKRÄNKT, WEIL DU ...

- Kränkungen entstehen dadurch, dass Sie eine Verbindung herstellen zwischen dem Verhalten des anderen und dem eigenen Wohlbefinden.
- In Beziehungen tendieren Sie leicht dazu, die Verantwortung für sich abzugeben.
- Sie sind gekränkt, wenn das eigene Nähebedürfnis vom anderen aus Angst vor Abhängigkeit nicht befriedigt wird.
- Sie kränken umgekehrt den anderen, wenn Sie sein Autonomiebedürfnis aus Angst vor Verlassenheit nicht unterstützen.
- Gegenseitige Vorwürfe zementieren den Konflikt und führen zu weiteren Kränkungen.

DIE LÖSUNG

- Machen Sie sich bewusst, dass der äußere Konflikt auf einen ungelösten inneren Konflikt hinweist.
- Integrieren Sie die Pole in sich, anstatt die Lösung vom Partner/ der Partnerin zu erwarten.
- Werden Sie in Ihrem Wohlbefinden allmählich unabhängig vom anderen, ohne die Beziehung aufzugeben.

Die andere wird mit ihm glücklich

Wir erleben häufig starke Kränkungsreaktionen bei getrennten Partnern, wenn einer von beiden eine neue Beziehung eingeht. Auch wenn die Trennung schon Jahre oder Jahrzehnte zurückliegt, kann es schmerzen, dass der Partner mit einer neuen Partnerin (oder umgekehrt) glücklich wird. Das trifft nicht nur für denjenigen zu, der verlassen wurde, sondern auch für den, der damals die Beziehung aufgekündigt hat.

So, wie bei einem Paar, das seit 15 Jahren getrennt lebt und vor zehn Jahren auf ihren Wunsch hin geschieden wurde. Sie kommt mit der Situation nicht zurecht, dass er seit Jahren wieder glücklich verheiratet ist. Es sitzt immer noch wie ein Stachel in ihr. Auf die Frage, ob sie wieder mit ihrem ehemaligen Mann zusammenleben wolle, sagt sie eindeutig »Nein«. Denn sie spürt, dass ihre Liebe zu diesem Mann schon seit vielen Jahren erloschen ist. Aber warum kränkt es sie dann heute noch, wenn sogar ihre Kinder, bereits selbst erwachsen und verheiratet, großen Wert darauf legen, mit ihrem Vater und seiner jetzigen Frau zusammen zu sein und sie sich dort ebenso wohl fühlen wie bei ihrer Mutter? Vielleicht, weil sie es nicht aushält, dass eine andere mit dem Mann glücklich geworden ist, dem sie den Laufpass gab?

Wo sind all seine Fehler, die sie nicht mehr an ihm ertragen konnte? Hat er sich so verändert? War sie vielleicht schuld daran, dass er so unachtsam und muffelig war? Ist die andere Frau so viel liebenswerter, dass er plötzlich ein wunderbarer Partner ist, mit dem es sich gut zusammen leben lässt?

Alle diese Fragen und Selbstzweifel sind Ausdruck der

Angst, als Frau versagt zu haben, wo eine andere erfolgreich ist. Das Glück der neuen Beziehung beweist, dass es mit diesem Mann hätte gut gehen können. Also muss es an ihr gelegen haben, dass es nicht klappte.

Selbstvorwürfe und Selbstzweifel nagen stark am Selbstwertgefühl und wirken wie Kränkungen, nur dass sie nicht von anderen, sondern von einem selbst kommen. Menschen kränken sich beispielsweise selbst, indem sie sich abwerten und ihre Wichtigkeit für sich und andere herunterspielen. Oder Erwartungen an sich stellen, die so hoch sind, dass sie nicht erfüllbar sind. Diese Selbstkränkungen sind nicht weniger wirksam als Kränkungen durch andere und führen dazu, dass die Betroffenen nicht in Frieden mit sich sind.

Dadurch kann aber auch kein Frieden mit dem geschiedenen Ehemann und seiner jetzigen Frau entstehen. Das wiederum beinhaltet ein Kränkungspotential gegenüber dem Mann und der neuen Frau, die sich vermutlich abgelehnt und ausgegrenzt fühlen. Im Laufe der Jahre kann diese Haltung zu einem tiefen Graben zwischen allen Beteiligten führen, verbunden mit etlichen gegenseitigen Kränkungen.

WAS KÖNNEN SIE IN EINER SOLCHEN SITUATION TUN?

- Sie sollten sich nicht mit der neuen Frau vergleichen, weil ein Vergleich zwischen Menschen keinem gerecht wird.
- Wenn Sie ihm sein Glück gönnen, befreien Sie sich von Neid und Eifersucht.
- Zum Misslingen einer Beziehung tragen beide Seiten bei, nicht nur Sie.
- Das Ende der Selbstabwertung beendet die Selbstkränkung.
- Stärken Sie Ihr Selbstbewusstsein als Frau.
- Durch eine kränkungsfreie Beziehung zu ihrem Ex-Mann können Sie einen Freund gewinnen.

Süchte – Schutz vor neuen Kränkungen

Süchte können Ausdruck tiefer Kränkungserfahrungen und einer damit verbundenen Abwendung vom Leben sein. Mit Alkohol, Drogen, übermäßigem Essen, Erbrechen, Hungern, süchtigem Spielen, Fernsehen, Arbeiten, Sex- und Beziehungssucht und seit neuestem auch mit süchtigem Internetsurfen können Menschen »aussteigen«. Dahinter steht der Wunsch, sich vor weiterer Kränkung zu schützen. Nach dem Motto: Lieber sich abwenden, als wieder gekränkt zu werden. Das, was ihnen das Leben scheinbar verweigert, holen sie sich über gieriges Einverleiben materieller Dinge und Handlungen. Doch das Risiko ist hoch: Einsamkeit, Abhängigkeit, Krankheit, Unglücklichsein, Misstrauen, chronisches Gekränktsein bis hin zum Suizid können der Preis sein.

Hinter dem kategorischen Nein gegen die Welt und gegen das Leben steht ein verweigernder Trotz. Wer Trotz kennt, weiß, wie stark er sein kann. Der Gekränkte wendet sich ab, »spielt« nicht mehr mit, will von »alledem« nichts wissen und verweigert sich.

So war es auch bei Irene, die seit vielen Jahren unter einer schweren Bulimie (Ess-Brechsucht) litt. Im Laufe der Psychotherapie wurde deutlich, dass sie sich durch das Leben enttäuscht und gekränkt fühlte und sich deshalb vom Leben und seinen »Spielregeln« abwandte. Sie entwickelte eine Grundhaltung, nicht anerkennen zu wollen, dass die Gesetzmäßigkeiten des Lebens auch für sie Geltung haben. In der Folge wollte sie immer etwas anderes, ein eigenes Süppchen kochen und stieg trotzig aus, wenn es zu schwierig wurde oder sie nicht bekam, was sie wollte.

Ihre Haltung war vergleichbar mit der Bestellung in einem Lokal: »Ich möchte einen Salat, aber nicht so, wie er auf der Karte steht, sondern ohne Schinken, dafür mit Käse und Tomaten, die aber auf einem extra Teller und die Salatsoße gesondert in einem Schälchen. Ja, und auf keinen Fall Knoblauch, darauf reagiere ich allergisch.« Wenn der Ober dann sagt, dass das nicht geht, sagt sie nicht: »Dann bringen Sie mir den Salat so, wie er ist, ich suche mir heraus, was mir schmeckt.« Nein, sie sagt: »Dann esse ich gar nichts.« Das heißt übersetzt: Entweder es läuft nach meinen Bedingungen und Regeln oder ich mache nicht mehr mit, bleibe lieber hungrig als zu nehmen, was da ist. Auf diese Weise blieb sie wirklich hungrig, was auch Ausdruck ihrer Ess-Störung war.

Die Kränkung liegt darin, dass sie zu hohe Erwartungen an die Welt und andere Menschen stellt und auf diese Weise ständig enttäuscht wird. Die Aggression als Reaktion auf die Enttäuschung richtet sie gegen sich selbst in Form von Beschimpfung, Schlecht-mit-sich-Umgehen, exzessivem Essen und Erbrechen. Nach außen hin zeigt sie sich trotzig und abwertend.

Das Nein in ein Ja zum Leben und zur Welt zu verändern beginnt mit der Bereitschaft, sich auf die Bedingungen des Lebens einzulassen und zu erleben, dass so viel mehr da ist, als sie glaubt. Denn auch in einem Salat, der nicht dem Ideal entspricht, sind Teile enthalten, die schmecken. Auch wenn das Leben anderes bietet, als sie gerade sucht, kann es wertvoll für sie sein, danach zu greifen, statt völlig leer auszugehen.

SUCHT IST KEINE LÖSUNG

DIE SÜCHTIGE HALTUNG

- Suchterkrankungen entstehen oft vor dem Hintergrund früher Kränkungserlebnisse.
- Süchtige haben oft das Gefühl, dass ihnen das Leben etwas schuldig geblieben ist und sie zu kurz gekommen sind.
- Die Folgen sind Enttäuschung und trotzige Verweigerung des Lebens.
- Ihre Haltung ist: »Da mach ich nicht mit.« »Lieber wende ich mich ab, als erneut gekränkt zu werden.«
- Sich mit Süchten »wegmachen« gibt die Illusion, vor neuen Kränkungen gefeit zu sein.

DIE LÖSUNG

- Machen Sie sich klar, dass die Regeln auch für Sie gelten, Sie aber Einfluss darauf haben, dass es förderliche Regeln sind.
- Mit dem Trotz schaden Sie sich mehr als anderen, weil Sie am Ende leer ausgehen.
- Sucht ist keine Lösung, sondern eine Krankheit.
- Sucht drückt die Suche nach Erfüllung und Sinn aus. Trotz und Verweigerung sind die Gegenspieler.

Unsere Liebe wird zurückgewiesen

Die Zurückweisung unserer Liebe ist ein wesentliches Thema, wenn wir uns mit Kränkungen beschäftigen. Darüber sind schon etliche Sachbücher geschrieben worden, sie ist Inhalt von vielen Kriminal- und Liebesromanen, von Filmen, Märchen und Sagen, täglichen Zeitungsberichten und Einträgen in Tagebücher. Jeder von uns hat sie erfahren und wir werden immer wieder mit einer neuen Zurückweisung konfrontiert. Wenn wir lieben und nicht wieder geliebt werden, kann uns das so stark kränken, dass wir jemanden umbringen, uns selbst töten, uns verletzen, aus der Bahn geworfen werden oder den Boden unter den Füßen verlieren und nicht mehr bei uns sind.

Die Kränkungsreaktion bei der Zurückweisung durch einen geliebten Menschen trifft uns besonders stark, da wir auf Verletzungen durch uns vertraute, geliebte Menschen viel heftiger reagieren als durch weiter entfernte. Denn jenen unterstellen wir, dass sie es gut mit uns meinen und daher gut mit uns umgehen. Die Zurückweisung kann in diesen Fällen eine sehr starke Kränkungsreaktion mit einer hohen Irritation des Selbstwertgefühls bewirken. Und zwar dann, wenn sie unsere Minderwertigkeitsgefühle aktiviert und die mit ihr verbundene Botschaft: »Ich bin nicht liebenswert, nicht begehrenswert, nicht gut genug.« Mit einem geschwächten Selbstwertgefühl können wir dann daraus machen: »Ich bin nichts wert; ich bin überflüssig.« Wenn es uns jedoch gelingt, in einer solchen Situation an unsere Selbstachtung anzuknüpfen, mit uns, unseren Gefühlen und Bedürfnissen in Kontakt zu kommen und uns selbst zu unterstützen, stärken wir unser Selbstwertgefühl und können konstruktiver, wenn auch mit Schmerz, mit der Zurückweisung umgehen.

An einem Beispiel möchte ich Ihnen das deutlich machen.

Es hatte gewaltig gefunkt, als Hanne und Bernd das erste Mal zusammen ausgingen. Die Spannung zwischen ihnen hätte glatt eine Glühbirne zum Leuchten gebracht. Sie genossen die gegenseitige Anziehung, und sie verliebte sich in ihn. Doch nach einigen Wochen signalisierte er eine Reserviertheit, die sie beunruhigte. Auf die Frage, was los sei, antwortete er: »Ich bin nicht in dich verliebt.« Für sie war das ein heftiger Schlag, auch wenn sie schon eine Veränderung an ihm gespürt hatte. Sie verstand ihn nicht und reagierte mit starker Traurigkeit. Diese Traurigkeit half ihr, nicht in die Kränkung zu gehen und beispielsweise mit Vorwürfen oder Anschuldigungen zu reagieren. Sie vereinbarten einen vorübergehenden Abstand, um später wieder in Kontakt zu treten. Nun passierte das, was in der Regel in Kränkungssituationen geschieht: Bei ihr tauchten alte Geschichten auf, die mit Zurückweisung zu tun hatten und ihre Traurigkeit verstärkten. Sie spürte, dass sie nicht nur über die aktuelle Enttäuschung weinte, sondern auch noch über anderes, auch wenn sie nicht genau wusste, worüber. Sie drängte sich nicht, eine Lösung zu finden, sondern ließ zu, was sie spürte. Zum Teil war es Angst, verlassen zu werden, Trauer, ihn zu verlieren, Verzweiflung, warum immer ihr so etwas passiert und das Bedürfnis, mit anderen Frauen zu sprechen und sich Rat und Unterstützung zu holen. Das tat sie dann auch. Was sie bei all dem zusätzlich unterstützte, war ihr Gefühl, dass er ihr wohl gesonnen war, und so konnte sie es ihm gegenüber auch sein. Allmählich spürte sie eine immer größere Ruhe und Zentrierung in sich.

Nach einigen Tagen sprachen sie über das, was geschehen war. Sie versuchte ihm zu erklären, was sie fühlte, fand jedoch nur ein Bild für ihren Zustand: »Meine Verliebtheit fühlt sich an, als schwimme ich in einem tosenden Meer. Deine Aussage, du bist nicht verliebt in mich, ist wie eine große Welle, die mich packt und auf den Strand schleudert. Das tut sehr weh, weil man sich dabei die Haut aufschürft. Aber es hat auch etwas Gutes. Es ist, als komme ich wieder bei mir an, kriege wieder Boden unter den Füßen, wo ich ihn vorher verloren hatte.« Er reagierte mit großer Erleichterung, da er sich entlastet fühlte und konnte nun seine positiven Gefühle ihr gegenüber ausdrücken. Indem sie bei sich angekommen war, konnte er ihr näher kommen, da er nicht länger befürchten musste, die Verantwortung für ihr Wohlbefinden übernehmen zu müssen, wie es vorher der Fall war.

Wenn unsere Liebe zurückgewiesen wird, haben wir oft das Gefühl, als Frau (oder als Mann) entwertet zu sein. Am Ende eines Vortrags fragte eine Frau, wie sie damit umgehen könne, wenn sie in späteren Jahren vom Mann gegen eine Junge ausgetauscht würde. Im täglichen Sprachgebrauch würde ich ein solches Wort nicht verwenden, aber sie scheint es so zu empfinden: als würde sie wie ein alter ausgedienter Motor durch einen neuen ausgetauscht werden, der schneller läuft. Hinter einem solchen Bild steht kein selbstbewusstes Frauenbild, sondern ein verletztes, entwertetes, zugleich aber auch ein negatives Bild vom gefühllosen, egoistischen Mann. Das Aufrechterhalten der weiblichen Würde ist daher ein wichtiges Ziel, das Frauen nach einer Zurückweisung nicht aus dem Auge verlieren dürfen. Denn auch ohne den Mann sind sie wertvoll und nicht weniger wert als mit ihm. Zum zweiten ist es nötig, das negative Männerbild zu revidieren, da Männer nicht einfach nur schlecht sind, weil sie verlassen.

Für den Mann gilt umgekehrt: Welches Bild habe ich von mir als verlassenem Mann und Frauen im Allgemeinen?

Für die Situation in gleichgeschlechtlichen Beziehungen trifft Ähnliches zu. Die Trennung aktiviert einerseits eigene Selbstzweifel und Minderwertigkeitsgefühle, andererseits stellt sie das Bild des Partners oder der Partnerin in Frage. Werden Erwartungen von Einfühlung und Kontaktbedürfnis nicht erfüllt, kann es leicht zum Vorwurf an die weibliche Freundin kommen: Die verhält sich ja wie ein Mann.

Für einen Mann kann es eine tiefe Kränkung bedeuten, von einer Frau wegen einer anderen Frau verlassen zu werden, wie es bei Artur war. Es verletzte ihn nicht nur, dass sie sich von ihm trennte, sondern darüber hinaus, dass sie eine Frau liebte. Er verarbeitete das als persönliche Entwertung, dass er als Mann nicht genüge, für sie keinen Wert habe. Für ihn stellte sich damit ihre gesamte Beziehung in Frage. »Was war ich denn für sie die ganze Zeit? Was hat sie mir vorgemacht? Wer war sie wirklich? Stimmten ihre Gefühle überhaupt, die sie für mich hatte oder war alles eine Lüge?« In seiner Kränkung schlug er zurück und nannte sie den Abschaum der Menschheit. Er konnte diese Form der Entwertung nicht ertragen, obwohl sie ihre neue Liebe nie als eine Entwertung ihres Mannes erlebte. Doch glauben konnte er ihr nicht.

Mitunter wiederholen sich die Formen der Zurückweisung, die wir in der Kindheit erlebt haben, im Erwachsenenalter. So erzählte mir eine Freundin folgende Geschichte: Immer, wenn ihre Mutter böse auf sie war, drehte sie das Bild ihrer Tochter um und stellte es erst wieder auf, wenn der Konflikt beendet war. Das konnte jedoch einige Zeit dauern und für Angelika war das umgedrehte Bild ein Zeichen größter Ablehnung und Zurückweisung. Als sie mit 35 Jahren eine Beziehungskrise mit ihrem Freund hatte, kam sie eines Abends nach Hause und sah ihr Bild umgedreht auf dem Tisch liegen. Es durchfuhr sie wie ein Blitz und verletzte sie tief. Und das, was sie damit verband, trat auch ein, sie trennten sich einige Wochen später. Vergessen hat sie diese Szene bis heute genauso wenig wie die Kränkung durch ihre Mutter, »einfach« umgedreht zu werden, als existiere sie nicht mehr. Ignoriert werden trifft uns tief in unserer persönlichen Würde.

STRATEGIE BEI ZURÜCKWEISUNG

DER SCHMERZ DES UNGELIEBTSEINS

- Sie lieben und werden nicht wieder geliebt oder Sie werden verlassen.
- Sie reagieren mit den unterschiedlichen Formen seelischer Erschütterung von Gewalttätigkeit bis zur Selbstzerstörung oder tiefen Verunsicherung.
- Sie sind in Ihrem Selbstwert erschüttert und fühlen sich als Frau (Mann) abgelehnt und entwertet.

WIE KÖNNEN SIE REAGIEREN?

- Lassen Sie Ihre Gefühle zu, die durch die Zurückweisung auftauchen.
- Atmen Sie ruhig und bewusst tief ein und aus.
- Holen Sie sich Unterstützung.
- Werten Sie sich und den anderen/die andere nicht ab.
- Unterlassen Sie böse Unterstellungen, die nicht der Realität entsprechen.
- Nehmen Sie sich eine Auszeit, so lange, wie Sie es brauchen, und ordnen Sie Ihre Gefühle und Gedanken.
- Gehen Sie dann wieder in Kontakt und reden Sie über das, was zwischen Ihnen passiert.
- Entwickeln Sie Verständnis für einander.
- Lassen Sie sich von Beratern, Therapeuten, Mediatoren helfen, wenn Sie es allein nicht schaffen.
- Behalten Sie Ihre Achtung als Frau und Mann.

Vorurteile können kränken

Ein Artikel in der ZEIT (34/2001) war unter dem Stichwort Rassismus mit dem Titel »Beiläufige Kränkungen – Was ein Afrikaner in Deutschland erlebt« überschrieben. Hier einige kurze Auszüge aus dem Text, der Sie vielleicht ebenso berührt wie mich:

»Eines Nachts wurde in unsere Wohnung eingebrochen. Meine Frau und ich hatten große Angst, dass uns der Dieb etwas antun könnte. Wir riefen die Polizei und waren sehr froh, dass innerhalb weniger Minuten zwei große deutsche Beamten kamen. Als sie jedoch zwei dunkelhäutige Personen antrafen, wollten sie zuallererst ihre Reisepässe sehen, um die Aufenthaltsgenehmigung zu überprüfen! Wir waren so enttäuscht, dass wir kaum noch einschlafen konnten. Nicht wegen des Einbrechers, sondern wegen der Polizisten.

Das sind ganz normale Erfahrungen, die man als Afrikaner in Deutschland macht. Die üblichen Alltagsbeleidigungen. Es sind die kleinen, beiläufigen Kränkungen, die besonders schmerzen. Zum Beispiel bei der Wohnungssuche vor zwei Jahren, als der Vermieter zunächst die Papiere meines Autos sehen wollte – ein Schwarzer mit Mercedes, da muss etwas faul sein!

Wir haben uns ein Auto gekauft, weil wir die offiziellen Hinweise in den öffentlichen Verkehrsmitteln in Heidelberg nicht mehr sehen wollten. Die Illustrationen zeigen eine dunkelhäutige Person als Schwarzfahrer und hellhäutige als korrekte Fahrgäste. Aber solche Zumutungen lassen sich Deutschen nur schwer vermitteln.«

Beiläufige Kränkungen, scheinbar unwesentliche Diskriminierungen von Völkern, Rassen, Geschlechtern, Religionen, Berufen, Behinderten und Fremden haben sich in unserem Denken und Alltagshandeln festgesetzt. Selbstverständlich kontrollieren Beamte dunkelhäutige Personen, weil es so die Anweisung ist, vielleicht sogar ohne Hintergedanken. Aber sie tun es. Vorurteile bestimmen unser aller Leben; Vorurteile, die wir anderen gegenüber haben und die wir selbst an uns erleben. Der Hinweis einer nötigen Korrektur am Fensterschloss in meiner Praxis, die jahrelang nicht ausgeführt wurde, wurde bei der Besichtigung durch den männlichen Nachmieter vom Verwalter mit den Worten quittiert: »Wird sofort erledigt«. Mir, als Frau, fehlten die Worte.

Bei einer Umfrage im Fernsehen antwortete die Mehrzahl der befragten Personen auf die Frage: »Haben Sie Vorurteile?« mit »Nein«. Es scheint äußerst peinlich zu sein, öffentlich einzugestehen, Vorurteile zu haben, weil man sich damit schnell einem erneuten Vorurteil aussetzt: Rassist, Kinder- oder Frauenhasser, Spießer und dergleichen. Vielleicht verschweigen und leugnen die meisten Menschen deshalb ihre Vorurteile. Dadurch bleiben sie jedoch im Verborgenen und entziehen sich einer nötigen Korrektur. Denn nur, wenn wir ein Klima schaffen, in dem wir die Erlaubnis bekommen, uns unsere Vorurteile einzugestehen, über sie nachzudenken, uns mit anderen darüber auszutauschen und sie an der Realität zu überprüfen, verlieren sie ein Stück ihrer Destruktivität und können im besten Fall verändert werden.

Vorurteile öffentlich einzugestehen ist für die meisten äußerst peinlich.

In Selbsterfahrungs- oder Therapiegruppen, in denen sich die TeilnehmerInnen nicht kennen, ist es eine verbindende Übung, jeder Person zu Beginn genügend Zeit zu geben, ihre Vorurteile den anderen Gruppenmitgliedern gegenüber aufzuschreiben und am Ende der Gruppensitzungen zu überprüfen, ob und wie sie sich verändert haben. Es kommen erstaunliche Dinge dabei heraus. Das Wichtigste an dieser Übung scheint mir zu sein, dass die Bedeutung der Vorurteile abnimmt, wenn sie »da sein durften« und sie sich durch den realen Kontakt zum Teil oder gänzlich überflüssig machen.

WIE KÖNNEN SIE MIT IHREN VORURTEILEN UMGEHEN?

- Ihre ungeprüften negativen Vorurteile sind Kränkungshandlungen, die andere verletzen können.
- Unbekanntes macht nicht nur neugierig, sondern auch ängstlich und unsicher und führt häufig zu Vorurteilen.
- Gestehen Sie sich Ihre Vorurteile ein und teilen Sie sie Menschen Ihres Vertrauens mit.
- Der beste Weg, Vorurteile zu überwinden, ist der direkte Kontakt mit dem Fremden und die dabei gemachten positiven Erfahrungen.
- Manche Vorurteile bewahrheiten sich in der Realität und werden so zu Urteilen, andere werden überflüssig.

Wenn wir andere kränken

Die Erfahrung, jemanden gekränkt zu haben

Die Rolle des Kränkenden ist uns oft weniger bewusst als die des Gekränkten, vielleicht, weil wir als Kränkende einen größeren emotionalen Abstand zum Geschehen herstellen können, als wenn wir die sind, die verletzt werden. Auf der anderen Seite denken viele Menschen bei dem Wort Kränkung eher daran, jemanden gekränkt zu haben, als gekränkt zu werden. Also scheint auch die Rolle des Kränkenden nicht spurlos an uns vorüberzugehen. Die erste Empfindung, wenn wir jemanden gekränkt haben, sind Schuldgefühle und die Anklage »Ich hab was falsch gemacht«. Wir erschrecken, dass wir jemanden verletzt haben, obwohl das nicht unsere Intention war, oder wir werden ärgerlich, weil unser Gegenüber so empfindlich ist. Wir versuchen, den Gekränkten zu beruhigen und uns zu entlasten: »Nun reg dich doch nicht auf, ich hab das nicht so gemeint.« Doch die Kränkung ist beim anderen schon angekommen und wir können nur noch hoffen, die Heftigkeit der Reaktion abzuschwächen.

Das Verhalten des Gekränkten wiederum wirkt oft wie eine Kränkung für uns, besonders dann, wenn sie für unser Empfinden sehr heftig ausfällt, wir sie nicht verstehen, sie unseren eigenen wunden Punkt trifft oder uns in einem schlechten Licht dastehen lässt. Wir sind dann verletzt, fühlen uns missverstanden, zurückgewiesen, schuldig, ärgerlich und tendieren dazu, die Beziehung abzubrechen. An folgendem Beispiel sehen wir, dass unsere Empfindungen in der Rolle des Kränkenden ähnlich sein können wie in der des Gekränkten.

Ich verbrachte bei Freunden, die beide auch Therapeuten sind, einen wunderschönen Sommertag im Garten. Wir unterhielten uns darüber, was wir beruflich machen würden, wenn wir keine Psychotherapeuten wären. Jörg, der gerne isst und kocht, meinte, er würde ein Gourmetlokal eröffnen. Als er später die Tomaten für den Salat schnitt, sagte ich scherzhaft: »Wenn du ein Gourmetlokal hast, dann musst Du aber das Auge aus der Tomate schneiden.« Von mir war es nicht böse gemeint, und es war nicht meine Absicht, ihn zu maßregeln, stattdessen wollte ich witzig und hilfreich sein. Doch als ich in sein Gesicht schaute, das sich sogleich verdunkelte, merkte ich an seinem bösen Blick, dass er mich gar nicht lustig fand, sondern ich ihn gekränkt hatte. Ich war von seiner Reaktion völlig überrascht, denn ich kannte ihn als unkompliziert und hätte nicht angenommen, dass ihn meine Bemerkung verletzen könnte. Erschrocken über die Heftigkeit seiner Ablehnung beschloss ich, mich vorübergehend zurückzuziehen, was das einzig Richtige war. Ich nutzte die Distanz, um mich innerlich zu ordnen. Dabei spürte ich, dass ich meinerseits gekränkt war, da ich mich von ihm missverstanden und verurteilt fühlte, als hätte ich etwas Schlimmes angerichtet. Es irritierte mich, dass er über etwas böse war, das freundlich gemeint war. So eine Reaktion hatte ich nicht verdient. Ich schwankte nun zwischen zwei Impulsen, einmal die Schuld bei mir zu suchen und zum anderen ihn für seine Zurückweisung zu kritisieren. Zugleich kam ich mit meinen eigenen Themen und wunden Punkten in Kontakt, etwas falsch gemacht zu haben, dadurch den Frieden zu stören und abgelehnt zu werden. Erst mit der Zeit begriff ich, dass seine Reaktion vielleicht mehr mit ihm zu tun hatte als mit meiner Bemerkung, was dann letztendlich stimmte. Es gelang mir, mich zu beruhigen und weder mich noch ihn abzuwerten. Ich konnte mich so lassen, wie ich war, hatte keinen Druck, verstanden werden zu müssen oder alles wieder gut zu machen. Und ich musste ihn nicht entwerten, weil er meinen Scherz nicht verstand. Ich konnte mein Selbstwertgefühl aufrechterhalten, auch auf die Gefahr hin, dass er mich für blöd hielt, was er jedoch nicht tat. Der anschließende Kontakt war dann unproblematisch und kränkungsfrei.

Ich habe das Beispiel so ausführlich beschrieben, um Ihnen deutlich zu machen, was alles in unserer Seele und unserem Kopf abläuft, wenn wir jemanden gekränkt haben. Das Muster bleibt gleich, egal ob es sich um große oder kleine Kränkungen handelt. Wenn wir den Ablauf unserer Gedanken, Einstellungen und Gefühle bewusst wahrnehmen, haben wir die Möglichkeit, vernünftig zu handeln und müssen nicht emotionsgesteuert um uns schlagen.

Um Kränkungen beim anderen von vornherein zu vermeiden, leiten wir Kritik oder Feedback oft mit den Worten ein: »Nimm's mir bitte nicht übel, aber ich muss dir mal sagen ...«. Wir gehen davon aus, dass unser Gegenüber über das, was wir sagen, ärgerlich oder gekränkt sein könnte und bieten ihm eine Brücke, sich nicht schlecht fühlen zu müssen. Auch der Wunsch »Nimm's bitte nicht persönlich« verfolgt dasselbe Ziel, nämlich dem anderen zu vermitteln, dass wir ihn nicht verletzen wollen, oder er gar nicht gemeint sei. Diese beschwichtigenden Sätze sind einerseits Botschaften an den anderen, die für einen kränkungsfreien Kontakt hilfreich sind, sie bedeuten aber auch eine Art Absolution für uns: »Wenn ich schon sage, dass ich es nicht böse meine, brauche ich mich auch nicht schlecht oder schuldig zu fühlen.«

Anders ist es, wenn wir kränken, ohne es zu merken. Dann sind wir für eine Lösung auf den anderen angewiesen. Denn nur, wenn wir erfahren, was den anderen gekränkt hat, können wir erklären, wie es für uns war, in der Hoffnung auf eine Verständigung.

Eine Klientin von mir rief mich an und sagte wie aus heiterem Himmel, sie wolle die Therapie beenden. Ich konnte mir nicht erklären, warum, und wollte den Grund wissen. Wir vereinbarten einen nochmaligen Termin, bei dem wir alles besprachen. Es stellte sich heraus, dass sie sich gekränkt fühlte, als sie nach der letzten Stunde auf dem Flur einer anderen Patientin von mir begegnete. Das Problem war nicht die Begegnung an sich, sondern die Tatsache, dass diese schlanker, daher in ihren Augen attraktiver und somit liebenswerter war. Sie dachte, ich müsse die andere selbstverständlich mehr mögen als sie und dann könne sie gleich wegbleiben. Doch sie blieb nicht einfach weg, sondern gab uns die Chance, den Kränkungskonflikt zu lösen. Das gelang dadurch, dass die Klientin sich ihrer Gekränktheit bewusst war und sich mit mir auseinandersetzte. Indem sie ihre Kränkung offen ansprach, konnte ich meine Sicht darstellen und ihr erklären, dass sich die Situation für mich ganz anders darstellt, ich sie mag und gerne mit ihr arbeite. Letztlich führten wir die Therapie fort, die später erfolgreich endete.

Häufig fühlen wir uns ohnmächtig und hilflos, wenn wir die Verursacher der Kränkung des anderen sind. Zumal, wenn wir keine Chance bekommen, deutlich zu machen, dass es nicht unsere Absicht war, zu kränken, weil wir den Gekränkten nicht mehr sprechen können oder er auf kein Gespräch oder keine Entschuldigung eingeht. Dann lässt sich das Problem nicht lösen und wir fühlen uns allein gelassen. Betrifft es einen Menschen, der uns wichtig ist, dauert es oft lange, bis wir wieder mit uns ins Reine kommen, wir uns für unser verletzendes Verhalten entschuldigen und die Selbstvorwürfe beenden.

DIE REAKTIONEN DES KRÄNKENDEN

■ Im ersten Moment erschrecken Sie, fühlen sich schuldig und bedauern Ihr Verhalten.

■ Sie reagieren auf die Kränkungsreaktion des anderen gekränkt, wenn Sie sein Verhalten nicht verstehen, sich missverstanden und zurückgewiesen fühlen oder an Ihrem wunden Punkt getroffen sind.

■ Um Kränkungen bei Ihrem Gegenüber zu vermeiden, schicken Sie die Entschuldigung oder Ihre gute Absicht voraus.

■ Kränken Sie jemanden, ohne es zu merken, haben Sie das Bedürfnis, die Angelegenheit richtig zu stellen.

■ Haben Sie keine Gelegenheit dazu, bleiben Sie mit Ihrem Problem allein, und es kann lange dauern, bis Sie wieder mit sich versöhnt sind.

WAS IHNEN HILFT

- Nehmen Sie sich eine Auszeit, gehen Sie so lange auf Distanz, wie es für Sie gut ist.
- Distanz bedeutet nicht Beziehungsabbruch, sondern Rückzug mit der Möglichkeit, wiederzukommen.
- Klären Sie in dieser Zeit Ihre Gefühle, Ihre Gedanken und Ihre Reaktion auf Ihr Gegenüber.
- Versuchen Sie, Verständnis für sich und den anderen zu entwickeln.
- Versuchen Sie zu klären, was Ihr Gegenüber verletzt hat, wie viel Schuld Sie trifft und welches Missverständnis eventuell vorliegt.
- Machen Sie umgekehrt klar, was Sie gekränkt hat und was Ihre Motivation war, so zu handeln, wie Sie es getan haben.

Kränkungsfallen

Es gibt Situationen, in denen wir fast zwangsläufig kränken, weil wir in eine Falle geraten, die unser Gegenüber aufgestellt hat. Diese so genannten Kränkungsfallen erkennen wir entweder gar nicht oder nur schwer. Sie sind in der Regel auch der anderen Person nicht bewusst und wirken so lange, bis einer sie erkennt, anspricht und ihre Unlogik aufdeckt.

Hier die vier häufigsten Kränkungsfallen:

Die erste Falle lautet: »Wie du es machst, ist es falsch.« Eine solche Anweisung, die nie zu erfüllen ist, nennt man »double bind« (Doppelbindung) und ist am besten mit folgendem Beispiel zu erklären:

Eine Mutter schenkt ihrem Sohn zwei Hemden, ein blaues und ein weißes. Der Sohn probiert zuerst das weiße, woraufhin die Mutter sagt: »Und das blaue gefällt dir wohl nicht.« Ebenso hätte sie reagiert, wenn der Sohn zuerst das blaue angezogen hätte. Er kann es ihr nie recht machen, denn was er auch tut, es ist immer falsch. Und sie ist gekränkt, weil sie das Gefühl hat, ihr Sohn missachtet ihr Geschenk. Solche Doppelbindungen können verrückt machen, weil man sich nicht wehren kann und immer schuld ist. Die Folge ist nicht nur, dass man die andere Person kränkt, sondern sich auch als ewiger Versager fühlt.

Eine zweite Kränkungsfalle lautet: »Was gestern galt, muss heute noch lange nicht gelten.«

Bei einem Fest müssen noch einige Dinge in der Küche hergerichtet werden und jede Hand ist nützlich. So auch die des Freundes, der im Wohnzimmer sitzt. Doch die Gastgeberin lehnt seine Hilfe ab, da schon drei Personen in der Küche sind und mehr zu viel sind. Am nächsten Abend bleibt die eine Freundin von sich aus der Küche fern, weil schon drei darin hantieren. Doch der vorwurfsvolle Blick der Gastgeberin signalisiert ihr, dass es nicht in Ordnung ist, nicht mitzuhelfen. Heute hat die Küche für vier Platz. Hätten Sie das erraten?

Die Falle dabei ist, dass sie sich an eine Regel hält, die am nächsten Tag nicht mehr gilt und sie dadurch eine andere Person kränkt.

Die dritte Kränkungsfalle lautet: »Wenn du mich liebst, dann weißt du, was ich brauche. Gibst du es mir nicht, dann liebst du mich nicht.« Wer so denkt, geht davon aus, dass wir wissen, was der andere braucht, und er unterstellt uns Lieblosigkeit, wenn wir es nicht erfüllen. Auf die Idee, wir könnten vielleicht gar nicht ahnen, was er braucht, kommt er nicht. Und schon sitzen wir mit der heißen Kartoffel da, und wenn wir nicht aufpassen, fühlen wir uns schuldig an der Kränkungsreaktion des anderen, obwohl wir gar nicht wissen warum.

Eine vierte Falle ist: »Mach es richtig, aber ich sag dir nicht wie.« Wenn uns jedoch niemand sagt, was falsch und richtig ist, können wir diese Anweisung nicht befolgen, sondern nur nach unserem Maßstab handeln. Ist der verschieden von dem des anderen, tappen wir in die Kränkungsfalle.

»Du hast mich nicht angerufen, obwohl es mir so schlecht ging«, beschwert sie sich. »Du hast mir nicht gesagt, dass du mich brauchst«, kontert er. »Aber das kannst du dir doch denken, bei dem, was ich erlebt habe.« Eben nicht: Hellseherei gehört nicht zum Alltagskontakt und kann von niemandem verlangt werden.

KRÄNKUNGSFALLEN ...

- Es gibt Kränkungsfallen, in die Sie hineinfallen, ohne es zu merken.
- Sie kränken, wenn Sie sich anders verhalten, weil Sie bestimmte Annahmen und Regeln nicht kennen.
- Auch Unterstellungen und nicht hinterfragte Erwartungen können zu Kränkungsfallen werden.

... SIND VERMEIDBAR

- Die Fallen sind auflösbar, wenn über sie gesprochen werden darf und sie als Fallen benannt werden können.
- Übernehmen Sie keine Verantwortung für die Kränkungsreaktion des anderen, wenn Sie in eine Falle getappt sind.
- Geben Sie die heiße Kartoffel zurück.
- Machen Sie Ihrem Gegenüber klar, dass Sie nur etwas richtig machen können, wenn Sie die Regeln kennen.

Ich lege jedes Wort auf die Goldwaage

Sind wir mit Menschen zusammen, die leicht kränkbar sind, dann versuchen wir unter allen Umständen vorsichtig mit ihnen umzugehen, um sie nicht unnötig zu verletzen und ihnen Kränkungen zuzufügen. Kennen wir nicht alle die typischen Reaktionen auf so genannte »Mimosen«? Wir überlegen uns, was wir sagen, in welchem Ton, mit welchen Worten und zu welchem Zeitpunkt. Wir werden ganz vorsichtig, ziehen Samthandschuhe an und schonen den anderen, um ja keine negative Reaktion herauszufordern.

Ich weiß nicht, wie es Ihnen geht, aber ich tappe trotzdem oder vielleicht sogar wegen meiner Vorsichtigkeit meistens in die Kränkungsfalle. Das hat sicher damit zu tun, dass wir in einem solchen Fall unsere Spontaneität verlieren. Wir verkrampfen uns, fühlen uns nicht frei, uns so zu verhalten, wie wir es möchten, sondern kontrollieren uns stark. Um nicht eine erneute Kränkung auszulösen, machen wir lieber alles mit und zeigen gute Miene zum bösen Spiel. Dass darin der nächste Kränkungskonflikt angelegt sein kann, entgeht uns meist. Denn wenn wir unsere Grenzen nur vorsichtig ziehen oder ganz darauf verzichten, wenn wir uns völlig auf den anderen einstellen und uns dabei vergessen, werden wir irgendwann sauer und frustriert. Diese Gefühle zeigen wir nicht offen, trotzdem bekommt sie unser Gegenüber mit durch Gesten, spitze Bemerkungen, Unfreundlichkeit, Genervtsein. Unsere Reaktion kann sogar in Ärger oder

> **Wenn wir Kränkungsfallen ahnen, verlieren wir unsere Spontaneität.**

blinden Hass umschlagen. Dann nämlich, wenn wir keine Veränderung beim Gekränkten wahrnehmen und immer in die Rolle der »Bösen« geraten. Im Grunde können wir dann tun, was wir wollen, es kann vom gekränkten Gegenüber immer als unsere Boshaftigkeit oder böse Absicht ausgelegt werden. Dagegen hilft nur eins, sich direkt zu wehren und den Teufelskreis zu durchbrechen. Sonst bleibt uns nur die »innere Emigration«, bei der wir zwar körperlich anwesend sind, unsere emotionale Beteiligung jedoch schon längst eingestellt haben. Kränkend ist dieses Verhalten allemal, löst den Konflikt jedoch nicht.

DEN UMGANG MIT MIMOSEN ...

- Wenn Sie Samthandschuhe im Umgang mit jemandem brauchen, stimmt etwas nicht im Kontakt.
- Wenn Sie eine negative Reaktion vom anderen befürchten, trauen Sie sich nicht mehr, Sie selbst zu sein.
- Indem Sie mit dem anderen schonend umgehen, stellen Sie ihn in den Mittelpunkt und vergessen sich selbst.
- Ihren Ärger und Frust zeigen Sie indirekt, was den anderen kränken kann.

... VERBESSERN

- Goldwaagen sind gut für Gold, aber nicht für Worte.
- Sprechen Sie das Problem direkt an, sagen Sie, wie schwer für Sie der Kontakt wird.
- Fragen Sie nach, was Ihr Gegenüber so verletzlich macht und was es braucht.
- Trauen Sie sich, bei sich zu bleiben und authentisch zu sein.
- Denken Sie daran, Sie sind mindestens so wichtig wie Ihr Gegenüber.

Die Macht der Gekränkten

Im obigen Beispiel wurde schon deutlich, wie sehr gekränkte Menschen sich in den Vordergrund spielen können, besonders dann, wenn andere sich für sie verantwortlich fühlen. Schnell werden wir dann von ihnen zu Kränkenden gemacht, die an ihrem Leid schuld sind und nur Böses im Sinn haben. Deshalb verlangen sie auch von uns, dass wir uns nach ihnen richten, da wir ihnen ja scheinbar etwas schuldig sind. Oft gehen wir viel zu lange auf ein solches Spiel ein, in der Hoffnung, dadurch den Konflikt zu lösen. Wenn wir beweisen können, dass wir keine schlechten Absichten haben, müssten wir doch aus der Kränker-Rolle entlassen werden. Leider ist das aber in vielen Fällen nicht so, im Gegenteil. Wir werden in dieser Rolle zementiert, sobald wir sie einmal übernommen haben.

Auf diese Weise wird aus der Gekränktheit ein Machtmittel, mit dem wir manipuliert werden, uns so zu verhalten, wie die Gekränkten es wollen. Sie machen uns Vorwürfe, lösen Schuldgefühle aus und sind eine lebende Anklage. Dass ihr Verhalten für uns kränkend ist, nehmen sie nicht wahr. Sie fühlen sich im Recht, beleidigt zu sein. Manchmal setzen sie ihre Kränkungsreaktionen sogar bewusst ein, um Druck und Macht auszuüben. Das kann bis zur Tyrannei gehen, gegen die wir uns immer schwerer zur Wehr setzen können.

Gekränkte Menschen können andere sehr subtil manipulieren.

Eine Frau erzählte mir, dass ihre Schwiegermutter sie und ihren Mann durch ihr Gekränktsein seit Jahren unter Druck setzt. Nie ist ihr etwas recht, sie mischt sich in alles ein, hat an allem etwas auszusetzen und ist beleidigt, wenn es nicht so läuft, wie sie es will. Um keinen Streit im Haus zu haben, passen sich die Eheleute ihr an, fühlen sich jedoch tyrannisiert durch deren Leiden, Empfindlichkeit und Launenhaftigkeit. Vor allem auch deshalb, weil die Schwiegermutter zu anderen aus der Familie freundlich und aufgeschlossen ist und niemand versteht, warum sie solche Schwierigkeiten mit ihr haben. Die Eheleute stehen vor der Wahl, das Spiel der Schwiegermutter weiterhin mitzumachen und darunter zu leiden, oder einen Eklat in der Familie zu riskieren, wenn sie sich abgrenzen. Schlimmstenfalls gefährden sie auch noch ihr Erbe. Eine scheinbar ausweglose Situation. Eine Veränderung wirkt fast unvorstellbar, weil der Konflikt schon Jahrzehnte andauert.

DAS MACHTMITTEL DER GEKRÄNKTEN

- Gekränkte Menschen setzen ihre Verletzung oft als Macht- und Druckmittel ein.
- Sie, als Angehörige, kommen dadurch in die Rolle der Kränkenden, denen böse Absichten und Feindseligkeit unterstellt wird.
- Sie können tun, was Sie wollen, am Ende sind immer Sie schuld.
- Mit noch mehr Rücksichtnahme und Anpassung ändern Sie nichts, sondern zementieren den Konflikt.
- Aus Angst vor einer Konfrontation machen Sie das Spiel viel zu lange mit.

NEHMEN SIE SICH WICHTIG

- Was würde passieren, wenn Sie aufhören, sich durch das Gekränktsein der anderen manipulieren zu lassen?
- Macht und Druck können nur ausgeübt werden, wenn es jemand gibt, der darauf eingeht.
- Weisen Sie Schuld von sich, die nicht zu Ihnen gehört.
- Fordern Sie von Ihrem Gegenüber so viel Verantwortung, wie Sie bereit sind, für sich zu übernehmen.
- Hören Sie auf, sich manipulieren zu lassen, riskieren Sie lieber eine Auseinandersetzung.
- Menschen, die anderen die Schuld zuschieben, brauchen klare Grenzen, um damit aufzuhören.

Kränkende Menschen

Es gibt Menschen, die ihr Gegenüber häufiger kränken als andere. Oft sind es unzufriedene, verbitterte Menschen, die wenig Einfühlung für andere besitzen und sich schnell zurückgesetzt fühlen. Die Kränkungen können dabei in Ironie, Witze oder offene Abwertungen verpackt sein, sie sind auf jeden Fall unangenehm.

Werden beispielsweise entwertende oder sexistische Frauenwitze in einer Runde erzählt, in der Frauen in der Minderzahl oder Einzahl sind, ist es für diese fast unmöglich, sich abzugrenzen. Lachen sie mit, obwohl sie es nicht wollen, verleugnen sie sich, wehren sie sich, werden sie als Spielverderberinnen oder als humorlos abgestempelt. Das Einzige, was hilft, ist, es nicht persönlich zu nehmen und die Runde so schnell wie möglich zu verlassen.

Die Motivationen für kränkendes Verhalten sind vielfältig. Es können Neid, Eifersucht und Unzufriedenheit ebenso eine Rolle spielen wie Minderwertigkeitsgefühle, Angst oder Überheblichkeit. Auf jeden Fall drücken sich im kränkenden Verhalten persönliche Schwierigkeiten aus. Sehen wir das nicht, laufen wir Gefahr, die Kränkung ungerechtfertigterweise gegen uns zu richten.

Kränkende Menschen sind in der Regel rivalisierend und gönnen anderen ihre Erfolge nicht. Sie müssen abwerten, um besser dazustehen. Verbunden mit dem Gefühl, dass sie sich mehr anstrengen müssen als andere, suchen sie übermäßig stark nach Anerkennung. Sie beneiden oft unbewusst die, denen alles leichter fällt, die sich weniger Gedanken machen oder keinen so hohen Perfektionsanspruch an sich stellen. Wird von außen nicht gesehen, wie viel Mühe sie sich geben, wie gut sie sind, reagieren sie gekränkt. Dass andere trotzdem ihr Engagement schätzen und ihre Leistung achten, glauben sie nicht.

»Jetzt streng ich mich schon so an und keiner sieht's«, ist ihre Überzeugung. Wenn Menschen unter dem Druck stehen, beweisen zu müssen, wie gut sie sind, und glauben, nur liebenswert zu sein, wenn sie besonders sind, ist das für ihr Gegenüber äußerst anstrengend. Denn es macht wenig Spaß, ständig zu loben und alles kommentieren zu müssen, nur um zu zeigen, dass wir aufmerksam und zugewandt sind. Irgendwann hören wir damit auf, mit dem Risiko, dafür entwertet zu werden.

Auch Unterlegenheitsgefühle können zu kränkendem Verhalten führen. Indem andere entwertet werden, steigt der eigene Wert und gleicht das Minderwertigkeitsgefühl aus. Dass diese Rechnung auf Dauer jedoch nicht aufgeht, wird meist übersehen. Denn die Selbstunsicherheit wird auf diese Weise nicht überwunden, sondern nur maskiert.

Kränkende Menschen verbreiten in der Regel eine ungute Stimmung, die die Beziehungen zu anderen beeinträchtigt. Entweder produziert sie Ja-Sager und Anpasser oder Ablehner. Eine ehrliche Kommunikation wird erschwert, es entsteht Streit oder Menschen ziehen sich zurück, um sich vor weiteren Verletzungen zu schützen. Kann über diese Probleme nicht offen geredet werden, wird die Beziehung darunter erheblich leiden oder zerbrechen.

MERKMALE KRÄNKENDER MENSCHEN

- Menschen, die andere häufig kränken, haben oftmals Probleme mit sich selbst.
- Kränkungen können Ausdruck sein von Neid, Rivalität, Angst, Unterlegenheitsgefühlen oder Überheblichkeit, gepaart mit geringem Einfühlungsvermögen.
- Auf kränkende Menschen reagieren andere entweder mit Anpassung oder Ablehnung.
- Durch kränkendes Verhalten werden Beziehungen gestört oder beendet.

WIE VERHALTEN SIE SICH AM BESTEN?

- Seien Sie im Umgang mit kränkenden Menschen vorsichtig, aber verleugnen Sie sich nicht.
- Lernen Sie durch kränkende Menschen, nicht alles persönlich zu nehmen, nur so schützen Sie sich effektiv.
- Grenzen Sie sich ab, wehren Sie sich direkt gegen die Entwertungen.
- Schützen Sie sich durch Humor oder Auflockerung der Situation.
- Teilen Sie kränkenden Menschen mit, dass Sie den Kontakt aufgrund ihres verletzenden Verhaltens beenden.

Der »Täter« trifft auf sein »Opfer«

Kränkungen sind in der Regel mit einer Opferhaltung verbunden, mit dem Gefühl von Ohnmacht, Resignation und Unterlegenheit. Ein so genanntes psychologisches Opfer definiert sich als machtlos und dem psychologischen Täter unterlegen, auch wenn es eigentlich gar nicht so schwach und hilflos ist, wie es sich gibt. Es ist mehr eine Zuschreibung als eine Tatsache. Umgekehrt sind Menschen, die in einer solchen Opferhaltung leben, schneller gekränkt als andere. Denn sie gehen davon aus, dass andere Menschen die Dinge in der Hand haben, mehr Einfluss, Entscheidungsbefugnis und Kompetenz besitzen. Sie selbst fühlen sich abhängig von deren Beurteilung und Gunst. Im Grunde leben sie in einer ständigen Selbstkränkung. Die können sie nur durch Anerkennung von außen überwinden, weshalb sie ständig auf der Suche nach Lob und Zuwendung sind. Das allein wäre noch nicht das Problem, sofern sie nicht so stark enttäuscht wären, wenn die positiven Rückmeldungen ausbleiben und sie selbst nicht darum bitten können.

Treffen wir auf einen solchen Menschen, kann es passieren, dass wir ihn kränken, weil wir »vergessen«, ihn zu loben und ihm Zuwendung und Aufmerksamkeit in ausreichendem Maße zu schenken. Aber was ist ausreichend? Wer kennt das Maß des anderen? Und ist es wirklich unsere Aufgabe, das Maß zu finden oder sogar zu erfüllen? Müssen wir nicht, um uns selbst treu zu bleiben, riskieren, jemanden zu kränken, der mehr von uns erwartet, als wir bereit sind zu geben?

Sieglinde hatte gerne Freunde bei sich, kochte für sie, bewirtete sie großzügig und tat alles, damit sie sich wohl fühlten. Was sie nie zugegeben hätte, aber im tiefsten ihres Herzens als Wunsch hegte, war ständige Anerkennung und Dankbarkeit für ihre Mühen. Sagten die Gäste nur einmal und nicht mehrmals: »Hm, das schmeckt sehr gut«, dann hatte sie gleich Sorge, dass das Essen nicht so besonders gelungen war, was natürlich auf sie als Köchin negativ zurückfiel. Nicht nur, dass sie sich vorwarf, nicht gut genug zu sein, auch ihren Freunden kreidete sie an, ihr zu wenig Aufmerksamkeit zu geben. Kam sie dann bei der Unterhaltung nicht genügend zu Wort, weil eine der Freundinnen sich ständig in den Vordergrund spielte, erzählte eine andere von ihren beruflichen Erfolgen, und war sie neidisch auf die tolle Garderobe der anderen, dann konnte es schon vorkommen, dass dieser Abend für sie zum Stress wurde und sie sich gekränkt fühlte.

Eine Zeit lang konnte sie die Fassade noch aufrechterhalten, doch ihr Lächeln wurde immer gezwungener und ihre Freundlichkeit unechter. Innerlich litt sie unter Selbstvorwürfen, nach außen hin wurden ihre Bemerkungen von Mal zu Mal spitzer und gemeiner. Sie fing an, die Leistungen der anderen abzuwerten, um besser dazustehen. Wenn sie nicht aufpasste, konnte der Abend im Streit enden. Die Freundinnen wussten nicht, dass ihr Verhalten Sieglinde kränkte. Hätte sie es ihnen erzählt, wären sie vielleicht aus allen Wolken gefallen, weil ihnen der Abend viel Vergnügen bereitete und sie gerne bei Sieglinde waren. Wer konnte verstehen, dass das kränkend sein könnte?

Die innere Opferhaltung ist verbunden mit dem Gefühl, ein »Fass ohne Boden« zu sein. Das bedeutet, dass man diesen Menschen viel geben kann, aber sie werden nicht satt, weil es nie genug ist. Genauso wie man in ein Fass ohne Boden viel hineinschütten kann, es bleibt leer, weil unten alles wieder rausfällt. Die Lösung liegt nicht darin, noch mehr hineinzuschütten, sondern einen Boden zu schaffen, auf dem das, was reinkommt, liegen bleiben und sich anhäufen kann. Ein solcher Boden sind Selbstachtung und ein positives Selbstwertgefühl, mit dem die Person sich unterstützt und gegen Neid und Eifersucht wappnet. Denn nur, wenn wir etwas von uns halten, wenn wir, um im obigen Beispiel zu bleiben, unser Essen köstlich finden und uns dafür loben, können wir die Anerkennung der anderen wertschätzen, statt immer mehr davon zu verlangen.

DIE OPFERHALTUNG

- Die Opferhaltung ist verbunden mit dem Gefühl von Ohnmacht, Resignation und Unterlegenheit und macht andere Menschen zu Tätern, die scheinbar mehr Macht und Einfluss haben.
- Geben Sie einem Menschen, der sich unterlegen und wenig wert fühlt, nicht genügend Anerkennung und Bestätigung, bedeutet das für ihn eine Kränkung. Und Sie geraten schnell in eine Täterrolle, ohne es zu merken.
- Menschen mit einem geringen Selbstwertgefühl können Positives schwer annehmen und brauchen daher immer mehr.

IHRE EINFÜHLUNG

- Sie können Kränkungen nicht verhindern, wenn der andere immer noch mehr braucht.
- Wenn Sie um die Empfindlichkeit des Gegenübers wissen, können Sie sich in gewisser Weise darauf einstellen.
- Selbstverleugnung ist kein geeignetes Mittel, Kränkungen zu vermeiden.
- Bleiben Sie bei aller Einfühlung authentisch.

Rache als Ausgleich

Die Folge von Kränkungen sind Rachegefühle oder sogar -handlungen, die bis zur rohen Gewalt reichen können. Die Quelle der Rache ist Wut, Verachtung und Groll und der Wunsch, den anderen ebenso zu verletzen, wie wir verletzt wurden. Die destruktive Kränkungswut wird vorsätzlich eingesetzt, weil der Gekränkte in seiner Enttäuschung den anderen verletzen, ihn treffen, ihm so viel Schmerz zufügen will, wie er selbst erlitten hat. Und dieser Gedanke erfüllt ihn mit Genugtuung. Nicht von ungefähr sagt der Volksmund »Rache ist süß«. Sie verschafft dem Gekränkten das Gefühl, die Kontrolle über die Situation und sein Gegenüber zurückzugewinnen. Rache macht den Menschen handlungsfähig und führt ihn aus der Starre. Indem er sich aggressiv nach außen wendet, erlebt er sich machtvoller, stärker und selbstbewusster und er gibt die Aggression zurück, die er selbst erlebt hat. Rache löst jedoch das Problem der Kränkung nicht, sondern mündet nicht selten in gewalttätiges Verhalten, das zusätzliche negative Folgen haben kann.

Passive Aggressivität ist eine unbewusste Form von Rache.

Es gibt auch unbewusste Formen von Rache. Statt den anderen direkt anzugreifen, verletzen wir ihn durch passive Aggressivität: Wir vergessen ihn am vereinbarten Treffpunkt; wir machen ihm ohne Absicht etwas kaputt; wir versäumen, ihm eine wichtige Information mitzuteilen.

Für mich stellt sich die Frage, warum Menschen mit solcher Leidenschaft rächen. Die griechische Mythologie ist voll von Bluttaten aus Rache, und auch der moderne Buchhandel kann etliche Bücher über die Kunst, sich effektiv zu rächen, vorweisen. Ich glaube, dass Rache ein Versuch des Ausgleichs darstellt, den wir brauchen, um eine Kränkungssituation zu verarbeiten. In dem Gedanken »Du sollst genauso leiden wie ich« steckt der Wunsch nach Ausgleich. Doch ein Ausgleich über destruktive Mittel führt nicht zur Lösung, wohl aber einer mit positiven Mitteln. Die Frage lautet dann: »Was brauche ich vom Kränkenden, um mich ihm zu öffnen und versöhnlich zu werden?« Das kann eine ernst gemeinte Entschuldigung sein, eine von Herzen kommende Zuwendung, ein Blumenstrauß oder ein halbes Jahr abwaschen. Was auch immer, es muss für die Person passen, um sie versöhnlich zu stimmen. Manchmal versöhnt uns sogar schon das Wissen um diesen Wunsch.

AUSGLEICH STATT RACHE

DIE DESTRUKTIVE RACHE

- Rache ist die vorsätzlich eingesetzte, destruktive Wut, die auf Zerstörung gerichtet ist.
- Manchmal rächen Sie sich auch passiv-aggressiv.
- In der Rache wollen Sie den anderen so verletzen, wie Sie verletzt wurden.
- Die Vorstellung, der andere müsse ebenso leiden wie Sie, erfüllt Sie mit Genugtuung.
- Rache macht Sie handlungsfähig und führt Sie aus der Starre, die mit der erlittenen Kränkung einhergeht.
- Rache ist eine Form von Kränkung.

DER AUSGLEICH

- Die Quelle der Rache ist der Wunsch nach Ausgleich.
- Ein Ausgleich im positiven Sinn hilft, die Kränkung zu überwinden und die Beziehung zum Kränkenden zu bereinigen.
- Was brauchen Sie vom anderen, um sich wieder zu öffnen und für einen Austausch oder sogar eine Entschuldigung offen zu sein?
- Manchmal versöhnt Sie schon das Wissen um diesen Wunsch.

Kränkung als Provokation

Kränkungen können auch gezielt eingesetzt werden, um andere zu provozieren. Im Zusammenhang mit der Macht der Gekränkten sprach ich schon davon, wie die erlittene Kränkung zum Mittel der Provokation wird, indem sie andere kränkt, ihnen Schuldgefühle macht und sie abwertet.

Provokativ wirken auch Überheblichkeit und Arroganz. Sie dienen dazu, den anderen klein zu machen und sich selbst aufzuwerten. Auf provokative Weise können ebenso Kritik, Abwertung, Anschuldigungen, Vorwürfe, Schimpfworte und Demütigung eingesetzt werden. Das vorrangige Ziel ist, dass sich das Gegenüber schlecht fühlt und dadurch entweder klein beigibt, sich unterwirft oder sich durch aggressive Handlungen angreifbar macht. Provokative Kränkungen lösen meist heftige Emotionen aus, die dann als Schwäche ausgelegt werden können.

Nicht nur in Zweierkontakten, auch auf der politischen Ebene wird ein solcher Angriff als probates Mittel verwendet, um den Gegner lächerlich zu machen und in die Knie zu zwingen. Die Aussagen des amerikanischen Verteidigungsministers, der Deutschland nicht nur zum alten Europa, sondern auch auf die Stufe mit nicht demokratischen Ländern stellte, ist ein Beispiel dafür. Die klügste Art, mit einer solchen Provokation umzugehen, ist, sie nicht so ernst zu nehmen und schon gar nicht hochzuspielen. Doch das ist schwer, weil die Empörung auf eine solche Aussage natürlich sehr groß ist, ebenso wie der Wunsch, sich zu verteidigen und zu rechtfertigen. Doch genau das wird erwartet. Bleibt eine solche

Reaktion aus, läuft die Provokation ins Leere und verliert an Schlagkraft.

Menschen provozieren andere auch, indem sie sich selbst etwas antun. Ein Selbstmord kann ebenso appellativen Charakter für die Umgebung haben wie andere Formen von Autoaggression (die Haut aufschneiden, sich brennen, den Kopf anschlagen und anderes mehr). Im Unterschied zur Rache, die gegen den anderen gerichtet ist, fügen sie sich selbst Leid zu, wollen aber nicht nur sich selbst, sondern auch uns treffen. Ihre unausgesprochene Botschaft lautet dann in etwa: »Schau, wie schlecht du mit mir umgegangen bist, dass ich mir jetzt so etwas Schlimmes antun muss. Du bist schuld!« Eine Provokation, die ihre Wirkung selten verfehlt.

DIE PROVOKATION ...

- Kränkungen können gezielt als Provokation eingesetzt werden.

- Sie sind darauf aus, dass das Gegenüber entweder klein beigibt, sich unterwirft oder sich durch aggressive Handlungen angreifbar macht, ein probates Mittel, den Gegner lächerlich zu machen und in die Knie zu zwingen.

- Auch Selbstverletzungen und Suizid können provokativ eingesetzt werden und die Angehörigen kränken.

... NICHT ANNEHMEN

- Nehmen Sie eine kränkende Provokation nicht so ernst und spielen Sie sie nicht hoch.

- Ihr Wunsch, sich zu verteidigen und zu rechtfertigen, ist zwar groß, sollte jedoch unerfüllt bleiben.

- Eine Provokation wirkt nur, wenn Sie sie annehmen.

- Bleibt eine heftige Reaktion von Ihnen aus, läuft die Provokation ins Leere und verliert an Schlagkraft.

Erste Hilfe bei Kränkungen

1. Holen Sie Luft, atmen Sie gleichmäßig und tief einige Male bewusst ein und aus. Sie kommen dadurch mehr zu sich und kräftigen sich.
2. Verlassen Sie am besten die Kränkungssituation und klären Sie in der Distanz, was Sie gekränkt hat und welche Bedürfnisse unerfüllt blieben.
3. Können Sie nicht weggehen, vermeiden Sie Destruktivität und vorschnelles Ausagieren, auch wenn Sie wütend sind und sich verteidigen wollen.
4. Ein kühler Kopf und gefasste Emotionalität helfen Ihnen weiter. Schimpfen und toben können Sie auch später noch.
5. Gestehen Sie sich Ihre Kränkung ein.
6. Klären Sie Ihre Gefühle, Ihre Gedanken und Ihre Reaktion auf Ihr Gegenüber.
7. Finden Sie heraus, ob Sie traurig, wütend, ängstlich oder beschämt sind, und nehmen Sie diese Gefühle ernst.

8. Bewegen Sie sich, um aus der körperlichen und seelischen Starre herauszukommen.
9. Suchen Sie sich einen neutralen Dritten und drücken Sie Ihre Gefühle im Schutz und mit Unterstützung des anderen aus.
10. Entdramatisieren Sie die Situation, indem Sie sich fragen, was das Schlimme an der Kränkung ist.
11. Werten Sie weder sich noch Ihr Gegenüber ab, das zementiert nur die Kränkungsgefühle.
12. Haben Sie Racheimpulse, dann fragen Sie sich, ob Sie sich nicht selbst durch das rächende Verhalten schädigen würden.
13. Drücken Sie Ihren konstruktiven Ärger klar und deutlich aus, das entlastet und trägt zur Klärung des Konflikts bei.
14. Je ehrlicher Sie sich und dem anderen gegenüber sind, umso eher werden Sie eine gute Lösung finden.
15. Jede Form von psychologischem Spiel schwächt Sie, sei es hysterisches Ausagieren, blinde Destruktivität oder eine depressive Opferhaltung.
16. Vermeiden Sie Gewalt in jeder Form, die schädigt Sie und andere, löst aber das Problem nicht.
17. Fragen Sie sich: Was will ich erreichen? Was brauche ich vom anderen? Suchen Sie Wege, das zu bekommen.
18. Mit Beleidigtsein, Trotz, Vorwürfen, Beschimpfungen, Abwertungen und Rückzug, also den typischen Krän-

kungsgefühlen, erreichen Sie nur eine Verschärfung des Konflikts, nicht aber das, was Sie wollen, zum Beispiel die Zuwendung eines Menschen.

19. Machen Sie sich bewusst, dass die aktuelle Kränkungsreaktion sich deshalb so schlimm anfühlt und so heftig ausfällt, weil sie Ihren wunden Punkt berührt.
20. Unterscheiden Sie aktiv die gegenwärtige Situation von der vergangenen.
21. Übernehmen Sie die Verantwortung für Ihre Gefühle und Befindlichkeit.
22. Was Sie kränkt, entscheiden Sie.
23. Nehmen Sie nicht alles persönlich.
24. Stärken Sie Ihr Selbstwertgefühl, indem Sie sich nicht abwerten und Ihr Augenmerk bewusst auf das richten, was an Ihnen positiv ist.
25. Lernen Sie aus negativen Rückmeldungen und Kritik, statt sich beleidigt abzuwenden.
26. Sagen Sie offen, was Sie wollen und was nicht, statt es vom anderen zu erwarten und enttäuscht zu werden, wenn es ausbleibt.
27. Wappnen Sie sich vor neuen Kränkungen, indem Sie alte Enttäuschungen aufarbeiten und Ihre wunden Punkte schützen oder heilen.
28. Klären Sie alte Kränkungen mit den Betroffenen, so werden Sie Ihre »Leichen im Keller« los.

29. Haben Sie jemanden gekränkt, dann klären Sie, was Ihr Gegenüber verletzt hat, wie viel Schuld Sie trifft und welches Missverständnis eventuell vorliegt.

30. Machen Sie umgekehrt klar, was Sie gekränkt hat und was Ihre Motivation war, so zu handeln, wie Sie es getan haben.

31. Lassen Sie sich nicht durch die Gekränktheit des anderen unter Druck setzen oder provozieren.

32. Entwickeln Sie ein Verständnis für sich und den anderen.

33. Vor diesem Hintergrund entstehen Versöhnung und Frieden mit sich und den anderen.

Informationen über die CD

Dr. Bärbel Wardetzki war Gast im ORF-Funkhaus Dornbirn, wo sie in der Reihe »Fragen unseres Daseins« einen Vortrag zum Thema »Kränkung – Ohrfeige für die Seele« gehalten hat. Der Saal war voll, und viele Zuhörerinnen und Zuhörer wollten von der Münchner Psychologin erfahren, wie sie mit Kränkung und Zurückweisung besser umgehen können. Neben einer interessanten Einführung in das Thema gab Bärbel Wardetzki immer wieder Beispiele aus ihrer Praxis als Psychotherapeutin und berichtete von persönlichen Erfahrungen, mit Kränkungen umzugehen. Wir alle können lernen, uns ein dickeres Fell zuzulegen, so dass wir den seelischen Attacken anderer nicht so ausgeliefert sind.

Dr. Franz Josef Köb griff das Thema auf und produzierte für den ORF, Radio Vorarlberg, eine lebendige, gut strukturierte einstündige Sendung für die Reihe »Focus – Themen fürs Leben«. Die diesem Powerpack beiliegende CD ist die leicht veränderte Fassung dieser Radiosendung.

INFORMATIONEN

zu Therapie/Supervision/Coaching und
Veranstaltungen finden Sie unter

www.baerbel-wardetzki.de

BÄRBEL WARDETZKI BEI KÖSEL

Weiblicher Narzißmus
Der Hunger nach Anerkennung
München, 14. Auflage 2002
ISBN 3-466-30320-6

Ohrfeige für die Seele
Wie wir mit Kränkung und Zurückweisung
besser umgehen können
München, 7. Auflage 2002
ISBN 3-466-30517-9

Mich kränkt so schnell keiner!
Wie wir lernen, nicht alles persönlich
zu nehmen
München, 3. Auflage 2002
ISBN 3-466-30569-1

Iß doch endlich mal normal
Hilfen für Angehörige von eßgestörten
Mädchen und Frauen
München, 6. Auflage 2002
ISBN 3-466-30406-7

So reagieren Sie souverän

Barbara Berckhan
KEINE ANGST VOR KRITIK
So reagieren Sie souverän
Powerpack: Buch und CD
100 Seiten + CD
ISBN 3-466-30608-6

Dieses Powerpack enthält handfeste Strategien für mehr Selbstsicherheit und Gelassenheit in Kritikgesprächen.
Auf der CD »Vom etwas intelligenteren Umgang mit Kritik« erleben Sie Barbara Berckhan live. Lassen Sie sich von ihrem lebendigen Vortrag anregen und profitieren Sie von ihren cleveren Tipps.

Kompetent & lebendig.
PSYCHOLOGIE & LEBENSHILFE

Kösel-Verlag, München, e-mail: info@koesel.de
Besuchen Sie uns im Internet: www.koesel.de